DIE KLEINEN LESEDRACHEN

Wir lesen gemeinsam!

Lesespaß für Vorleser und Leseanfänger

Mitmachseiten von Frauke Nahrgang bei:
Nellis Schulranzengeheimnis, Zischka, die atemberaubende Luftschlange, Voll cool ey!, Die wilden Erdbären kommen, Stella und die Baumhausbande, Rosa Rosmarin und der Kaninchenzauber

Mitmachseiten von Annette Neubauer bei:
Eine gruselige Nacht, Auch Piratinnen kämpfen, Oma ist verliebt, Mia und die kleine Elfe

Bibliografische Information der Deutschen Nationalbibliothek
Die Deutsche Nationalbibliothek verzeichnet diese Publikation in der Deutschen Nationalbibliografie; detaillierte bibliografische Daten sind im Internet über http://dnb.d-nb.de abrufbar.

Auflage 3 2 1 | 2015 2014 2013
Die letzten Zahlen bezeichnen jeweils die Auflage und das Jahr des letzten Druckes.

Dieses Werk folgt der neuesten Rechtschreibung und Zeichensetzung.

www.diekleinenlesedrachen.de
Teamleiterin Lernhilfen Grundschule: Susanne Schulz
Redaktion: Jette Maasch
Umschlaggestaltung und Innenlayout: Sabine Kaufmann, Stuttgart
Umschlagillustration und Haupttitel: Andrea Dölling
Leitfiguren Drachen: Thomas Thiemeyer, Stuttgart
Satz: TEBITRON GmbH, Gerlingen
Druck: Mediahaus Biering GmbH, München
Printed in Germany
ISBN 978-3-12-949095-2

9 783129 490952

DIE KLEINEN LESEDRACHEN

Wir lesen gemeinsam!

Lesespaß für Vorleser und Leseanfänger

10 Geschichten in einem Band

Geschichten von Annette Neubauer, Claudia Ondracek und Sabine Rahn
mit Bildern von Andrea Dölling, Pia Eisenbarth, Angela Fischer-Bick,
K. Johanna Fritz, Stefanie Klaßen

Klett Lerntraining

Inhalt

Vorwort:
Wir lesen gemeinsam

Vorlesen ist ein wichtiger Grundstein für die Bildung Ihres Kindes. Denn Vorlesen entscheidet, ob Kinder später selbst Lust an Büchern entwickeln oder nicht.
Geschichten, die durch ausgewählte Themen den Alltag, die Wünsche und die Fantasie der Kinder aufgreifen, sind bei der Beschäftigung mit Büchern genauso wichtig wie eine ruhige, geschützte Atmosphäre. Machen Sie es sich mit Ihrem Kind gemütlich.

Die kleinen Lesedrachen unterstützen Sie dabei, Ihr Kind auf eine Reise in die geheimnisvolle Welt der Buchstaben zu entführen.

Die Geschichten in diesem Band sind zum gemeinsamen Lesen konzipiert. Neben „normalen" Vorlesepassagen gibt es kurze Textpassagen mit größerer Schrift, die Ihr Kind zum Lesen motivieren, ohne dass es sofort auf die Nähe und Hilfe des Erwachsenen verzichten muss. Beim Lesen nimmt das Kind unterschiedliche Perspektiven ein und lernt intensiv fremde Gefühle kennen und nachzuvollziehen.

Die Mitmach-Seiten, die an jede Geschichte anschließen, fördern die sprachliche Ausdrucksfähigkeit, das Textverständnis und die Kreativität Ihres Kindes. Durch Reime, Satzergänzungen,

Rezeptvorschläge und weiterführende Fragen vergrößert sich sein Wortschatz auf spielerische Weise. Die abwechslungsreichen Übungen fordern darüber hinaus zur Aktivität auf. Denn mit allen Sinnen lernt es sich bekanntlich am besten!

Vorlese-Tipps

- Kinder mögen es, Geschichten mehrmals zu hören. Gehen Sie auf diesen Wunsch ein. Denn so lernt Ihr Kind bisher unbekannte Wörter kennen und im Alltag anzuwenden.

- Wenn Ihr Kind eigene Gedanken zum Text entwickelt, unterbrechen Sie das Lesen, und lassen Sie seiner Fantasie freien Lauf.

- Lesen Sie den Anfang einer Erzählung, und fragen Sie Ihr Kind, wie es weitergehen könnte.

- Bringen Sie die Personen einer Geschichte zum Leben. Fordern Sie Ihr Kind beispielsweise auf, eine Figur oder ein Tier zu zeichnen. Malen Sie eine Sprechblase dazu. Überlegen Sie gemeinsam, was die Figur sagen könnte, und schreiben Sie es auf.

Nellis Schulranzengeheimnis

Matilda, Nelli und Pauline sitzen im Garten und spielen Meerie-Zirkus: Die drei Freundinnen sind Dompteure und bringen den vier gefährlichen Meerschweinchen von Pauline schwierige Kunststücke bei.
„Mama und ich gehen heute Nachmittag einen Schulranzen für mich kaufen“, erzählt Matilda stolz.
„Ich hab meinen Ranzen schon“, sagt Pauline während sie Teddy stupst, damit er über einen Ziegelstein klettert. Aber Teddy versteht nicht, was er machen soll und versucht immer wieder um den Ziegelstein herum zu laufen.
„Wie sieht deiner denn aus?“, fragt Matilda.
„Ich hab mir den allerschönsten rausgesucht!“, sagt Pauline.
„Er ist rosa mit weißen Pferden drauf.“

„Echt, mit Pferden?
Oooh, wie süß!“,
sagt Matilda.
„So einen will ich auch!“

Nelli lockt das rostbraune Rosettenmeerschwein Zora mit einem Stückchen Apfel über die Bretter-Wippe, die sie gebaut hat. „Zeig doch mal!“, sagt Nelli.
Pauline springt auf und läuft ins Haus. Als sie wiederkommt, hat sie ihren Ranzen auf dem Rücken. Die weißen Ponys darauf haben ganz große Augen und eine lange lockige Mähne.
„Ist der schön!“, sagt Nelli und kann ihre Augen gar nicht abwenden.

Pauline setzt ihren Ranzen stolz ab, macht ihn auf und holt ein Mäppchen, ein Portemonnaie und einen Turnbeutel heraus: ebenfalls in Rosa mit den gleichen weißen Ponys drauf.
„Ja, genau so einen will ich auch!“, sagt Matilda entschlossen.
Sie hält Bienchen und Flauschi ein Stückchen Birne hin.
„Wir könnten doch alle drei den gleichen Schulranzen nehmen!“, schlägt sie vor. „Dann sieht in unserer neuen Klasse jeder, dass wir drei beste Freundinnen sind!“

„Au ja!“, sagt Pauline, „das ist eine gute Idee!“

„Ich glaube, das geht nicht“, sagt Nelli. „Ich hab nämlich auch schon einen Ranzen.“
„Echt? Und wie sieht deiner aus?“, fragt Pauline.
„Weiß ich noch gar nicht“, behauptet Nelli. „Tante Claudi bringt ihn heute erst vorbei. Es ist eine Überraschung!“
„Vielleicht hat sie dir ja auch den Ponyranzen gekauft!“, meint Matilda. „Dann können wir doch alle drei den gleichen haben!“
„Ja, vielleicht!“, sagt Nelli. Aber sie schaut ihren Freundinnen dabei nicht in die Augen. Denn sie weiß, dass Tante Claudi ganz bestimmt nicht einen neuen wunderschönen Ponyranzen mitbringen wird, sondern den gebrauchten, langweiligen, dunkelgrünen Jungenranzen von Nellis älterem Cousin Oskar.
„Aber wir bleiben doch trotzdem beste Freundinnen, oder?“, fragt Nelli besorgt. „Auch wenn wir vielleicht nicht die gleichen Schulranzen haben?“
„Klar!“, sagt Pauline.
„Auf jeden Fall!“, bestätigt Matilda, „aber schön wär´s trotzdem, oder?“
Als Nelli nach Hause kommt, steht Oskars alter – Nellis neuer – grüner Schulranzen schon im Flur. Wie der aussieht! Wenn

Nelli mit dem in der Schule ankommt, will bestimmt kein Kind neben ihr sitzen – wahrscheinlich nicht einmal Matilda oder Pauline! Nelli versetzt dem Ranzen einen Tritt, dass er fast bis zur Küchentür schlittert.

„Was ist denn hier los?", fragt Mama.
„Der ist doof", sagt Nelli mit Tränen in den Augen. „Ich will auch einen neuen rosa Ponyranzen für Mädchen! Mit Oskars ollem grünen geh ich nicht in die Schule!"
Mama geht neben Nelli in die Hocke und legt ihr eine Hand auf die Schulter: „Darüber haben wir doch schon gesprochen, Nelli. Neue Schulranzen sind schrecklich teuer. So viel Geld haben wir im Augenblick leider nicht." Jetzt sieht Mama wieder ganz traurig aus.

Das hat Nelli nicht gewollt.
Sie schnieft:
„Trotzdem sieht der doof aus!"

Mama drückt Nelli. „Ich lasse mir etwas einfallen, damit dein neuer Ranzen nicht mehr aussieht wie Oskars alter!"
„Wie soll das denn gehen?", denkt Nelli. Aber sie nickt, damit Mama nicht mehr so besorgt guckt.
„Wollen wir nachher zusammen deine Schultüte basteln?", fragt Mama.
„Au ja!", sagt Nelli. „Rosa und glitzernd und mit Pferden!"

Mama bastelt die Tüte, und Nelli schneidet aus schillernder Regenbogenfolie Pferde aus. „Meine Pferde sehen doof aus!“, sagt Nelli und zerknüllt schon wieder eins.
„Mach doch lieber Fische oder Schmetterlinge“, schlägt Mama vor und klebt das glitzernde rosa Geschenkpapier fest. „Die kannst du doch so gut!“

„Echt?“, fragt Nelli.
Also schneidet sie
Fische und Schmetterlinge aus.

Als sie fertig sind, stellt Nelli sich mit ihrer Schultüte vor den großen Spiegel im Flur. „Das ist garantiert die schönste Schultüte von allen!“, sagt sie stolz.
„Sowieso!“, sagt Mama und gibt Nelli einen Kuss.

Am nächsten Nachmittag klingeln Matilda und Pauline bei Nelli. Sie haben beide ihre neuen Ponyranzen auf. „Wir machen einen Schulranzen-Spaziergang!“, sagt Matilda. „Kommst du mit?“
Nelli kriegt erst einen Schreck. Aber dann sagt sie doch: „Okay!“
„Wo ist dein Ranzen?“, fragt Pauline, als Nelli runter kommt.
„Den hat sich meine Mama heute zum Einkaufen ausgeliehen!“, behauptet Nelli.
„Bestimmt weil er so schön ist, oder?“, fragt Matilda.

„Hm“, macht Nelli.
„Hast du den gleichen wie wir?“, fragt Pauline.
„Nö“, sagt Nelli.
„Noch schöner?“, fragt Matilda.
„Bestimmt!“, sagt Pauline. „Wenn ihre Mama sich den Ranzen sogar leiht!“
„Wer Erster am Spielplatz ist!“, sagt Nelli und rennt los, damit die beiden endlich aufhören, über ihre Ranzen zu reden. Als sie wieder zu Hause ist, packt Nelli Oskars ollen Ranzen in den Kruschel-Schrank zum Staubsauger und macht die Tür fest zu.

Am Einschulungstag ist Nelli so aufgeregt, dass sie keinen Bissen herunter bekommt.

Ständig fragt sie: „Wie spät ist es? Müssen wir jetzt nicht gehen?“

Schließlich sagt Mama: „Setz doch einfach schon mal deinen Ranzen auf!“
„Nö. Den brauch ich heute ja noch gar nicht!“, sagt Nelli.
„Hol ihn doch mal“, sagt Mama.
Nelli seufzt und öffnet widerwillig den Kruschel-Schrank: Da steht ein über und über mit großen, glitzernden Edelsteinen übersäter grüner Ranzen. Und auf einer rosafarbenen Krone

steht mit bunten Perlen sogar Nellis Name.
Mit dem geht Nelli gerne in die Schule!
„Deiner ist der schönste!“,
sagt Matilda ein bisschen
neidisch.
„Wir hätten alle drei so
einen Ranzen nehmen
sollen wie du!“
„Ach, eure Ranzen
sind aber auch
ziemlich
hübsch“,
sagt
Nelli.

Mitmach-Seite

Finde für jeden Vers das fehlende Reimwort!
Welchen Vers schreibt Pauline ihrer Freundin Nelli wohl ins Freundschaftsbuch?

Nur wenn dein Ranzen nagel ● ● ●,
bleiben deine Freunde treu.
Den alten Ranzen lass' zu Haus!
Der sieht doch wirklich schrecklich ● ● ●.
Auf den Ranzen kommt´s nicht an,
ob dich jemand leiden ● ● ● ●.

Wie kommt der grüne Schulranzen ins Haus?

- ◯ Nelli hat ihn selbst ausgesucht.
- ◯ Tante Claudi hat ihn für Nelli gekauft.
- ◯ Tante Claudi hat Oskars alten Ranzen mitgebracht.

Warum bekommt Nelli keinen Ponyranzen?

Warum tut Nelli das?

Nelli freut sich auf die Schule. Findest du in der Geschichte einen Beweis dafür?

Warum sieht der Ranzen plötzlich so verändert aus?

Wie soll deine Schultüte aussehen? Male ein Bild!

Spiel: Wer hat das beste Gedächtnis?

- Ich packe meinen Ranzen mit einem Mäppchen.
- Ich packe meinen Ranzen mit einem Mäppchen und einem Apfel.
- Ich packe meinen Ranzen mit einem Mäppchen, einem Apfel und einem Rechenheft.
- Ich packe meinen Ranzen ...

Reihum werden Sachen in den Ranzen gepackt. Man kann auch zu zweit spielen. Wer kann sich am meisten merken? Packe auch mal lustige Sachen in deinen Ranzen: eine Taucherbrille, einen löchrigen Strumpf, einen Schneemann ...

Auch Piratinnen kämpfen!

Auf den Sandbergen am See haben die Piraten das Sagen. Das ist ihre Pirateninsel. Wenn Wiebke dort spielen will, kommandieren die Jungs sie ganz schön herum.
„Trag unsere Säbel“, befehlen sie. „Putz die Kanonen!“ Oder: „Hol uns Apfelsaft!“
Und immer macht Wiebke, was sie wollen. Denn die Piraten sind wilde Kerle, die laut brüllen und mit Stöcken herumfuchteln. Da traut Wiebke sich nicht, nein zu sagen.
Auch den Bootssteg haben die Jungs besetzt.
„Das ist unser Schiff“, behaupten sie. „Mädchen haben hier nichts zu melden!“
Und dann muss Wiebke wieder machen, was die großen Jungs wollen. Dabei würde Wiebke manchmal einfach nur gerne auf dem Steg sitzen, die Beine baumeln lassen und ins Wasser schauen. Aber das lassen die Jungs nicht zu.
„Faulenzen geht nicht“, sagen sie. „Schrubb das Deck, oder du musst von Bord!“
Doch eines Tages sitzt auf dem Bootssteg ein Mädchen, baumelt mit den Beinen und lässt Steine übers Wasser springen. Richtig weit hüpfen die!
„He, was machst du da?“, brüllen die Piraten.

„Das ist unser Piratenschiff. Hau sofort ab!“
Aber das Mädchen denkt gar nicht daran, zu verschwinden.

„Wieso?“, sagt sie einfach
und bleibt sitzen.
„Das ist mein Schiff,
ich war als Erste da!“

„Aber wir spielen hier schon viel länger!“, schreien die Piraten und rasseln drohend mit ihren Holzsäbeln.
Doch das Mädchen rührt sich nicht von der Stelle. Wiebke staunt. Was die sich traut!
„Willst du mit mir zur See fahren?“, fragt das Mädchen da.
Sie heißt Katrin und hat lachende grüne Augen.

Wiebke schielt zu den Jungs. Die haben sich oben auf die Sandberge zurückgezogen und beratschlagen. Sie führen etwas im Schilde, das ahnt Wiebke. So einfach geben die ihr Schiff nicht auf.

„Komm, wir fahren den Piraten einfach davon", sagt Katrin da und hält zwei Stöcke hoch. „Hier sind unsere Ruder!"

Wiebke muss lachen. Davonrudern klingt gut. Richtig gut! Kurz entschlossen setzt sie sich neben Katrin auf den Bootssteg. Sie tauchen die Stöcke ins Wasser und fahren hinaus aufs Meer. Dort lässt Katrin wieder Steine übers Wasser springen.

„Zeigst du mir, wie das geht?", fragt Wiebke.

„Klar", antwortet Katrin. „Du brauchst ganz flache Steine." Sie reicht Wiebke einen von ihrem Haufen. „Und dann wirfst du so ..." Sie macht es Wiebke vor. Fünf Mal springt er!

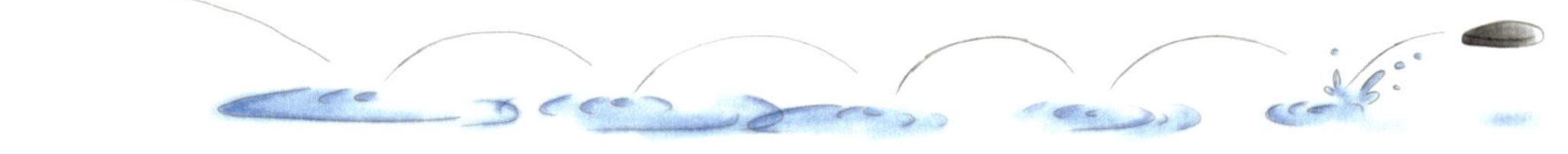

Wiebke versucht es auch. Ihr Stein springt zwei Mal, immerhin! Sie will es noch mal probieren, da ertönt lautes Gebrüll. Die Jungs rennen johlend den Sandberg herunter. „Angriff, wir kapern das Schiff", brüllen sie. „Ergebt euch!" Wiebke zuckt zusammen. Also doch! Die Jungs geben eben nicht so schnell auf. Die behalten das Sagen. Sie will den Bootssteg schon verlassen.

Aber Katrin rührt sich nicht von der Stelle. „Von wegen!“, ruft sie laut. „Wir kämpfen!“

Wiebke schaut sie erstaunt an. Kämpfen? Gegen die Jungs? Die sind wild und größer und mehr – und außerdem Piraten! Da haben sie doch gar keine Chance!
Katrin springt auf und packt entschlossen ihren Stock. „Wir sind auch Piratinnen. Und die hauen nicht einfach ab, wenn die Jungs mit den Säbeln rasseln. Die haben Mut und kämpfen!“ Sie schaut Wiebke an. „Kämpfst du mit?“
Wiebke zögert. Dann nickt sie. Ja, sie will auch kämpfen!

Sie will sich nicht wieder herumkommandieren lassen. Mit Katrin traut sie sich. Sie greift nach ihrem Stock.

„Feuer!", schreit Katrin und schlägt wild mit dem Stock ins Wasser, dass es nur so spritzt.

Wiebke tut es ihr nach. Die Jungs werden ordentlich nass und fluchen. Wiebke lacht. Das macht die Piraten noch wilder.
„Feuer!", brüllen sie und werfen mit Sand.
„Deckung", ruft Katrin und duckt sich.
Wiebke kriegt eine volle Ladung Sand ab. Vor Schreck macht sie einen Schritt rückwärts. Sie tritt auf die Kante des Bootsstegs. Ihr Fuß rutscht ab. Wiebke verliert die Balance. Sie rudert wild mit den Armen. Zu spät – mit einem Schrei platscht Wiebke ins Wasser. Sie prustet und paddelt, sie spuckt und strampelt. Der See ist kalt und voller glitschiger Schlingpflanzen.

„Mann über Bord", ruft Katrin erschrocken. Die Jungs hören sofort auf zu schießen.

Katrin kniet sich auf den Bootssteg und reicht Wiebke die Hand. Die greift danach.
Leise flüstert Katrin ihr zu: „Reiß ein paar Schlingpflanzen aus, wir brauchen unbedingt Munition!"
Wiebke zögert. Schlingpflanzen sind eklig. Aber Munition ist wichtig. Beherzt greift sie ins Wasser und reißt ein paar Schlingpflanzen aus.

Katrin zieht sie zum Steg. Wiebke gibt ihr die Schlingpflanzen. Dann stemmt sie sich schnell hinauf. Ihre Kleider triefen, und ihre Haare tropfen. Aber das ist Wiebke egal – Hauptsache sie haben Munition! Jetzt können sie weiterkämpfen!
„Feuer!", schreien die Mädchen wieder und werfen mit den glitschigen Schlingpflanzen nach den Jungs. Die treten schimpfend den Rückzug an.

„Sieg!“, ruft Katrin begeistert.
„Das Schiff bleibt unser!“
Auch Wiebke lacht,
obwohl sie patschnass ist.

Sie hat es den Jungs gezeigt. Gemeinsam mit Katrin hat sie sich getraut. Jetzt lässt sie sich nicht mehr einfach so von den Piraten herumkommandieren. Auch wenn die wild und größer und mehr sind. Katrin und sie sind auch Piratinnen!

„Wollen wir Frieden schließen?“, ruft Wiebke den Piraten zu. Zögernd kommen die Jungs zurück. „Unter welchen Bedingungen?“

„Morgen wohnen wir auf der Pirateninsel, und ihr segelt aufs Meer“, schlägt Wiebke vor.

Die Jungs halten Kriegsrat. Dann stimmen sie dem Vorschlag zu.

„Aber vielleicht überfallen wir euch“, sagen sie herausfordernd.

Wiebke und Katrin schauen sich an.

„Dann werden wir kämpfen“, sagen die beiden wie aus einem Mund und lachen.

Wiebke nimmt Katrin an der Hand.

„Kommst du mit zu mir?“, fragt sie. „Ich brauche dringend trockene Sachen!“

Katrin nickt. „Und ich was zu trinken – nach dem Kampf!“

Mitmach-Seite

Was machst du als Pirat oder als Piratin? Wie siehst du aus? Welchen Schatz erbeutest du? Willst du ein Schiff kapern? Lebst du auf einer Insel?

Die Jungen behalten das Sagen, heißt:

- ◯ Sie reden ganz viel durcheinander.
- ◯ Sie lieben alte Sagen und Geschichten.
- ◯ Sie wollen bestimmen, was andere machen.

Wie ist Katrin? Katrin ist mutig, frech …
Und wie ist Wiebke? Wiebke ist …

Wie verhält sich Wiebke am Anfang der Geschichte? Und wie verhält sie sich am Ende?

Weshalb ist Wiebke mutig geworden?

Sprich nach, und rufe ganz laut wie ein Pirat:

Piraten haben wildes Haar
und keine Angst vor der Gefahr.
Hohoho!

So gut wie jedes Land
ist den Piratinnen bekannt.
Hohoho!

Piraten lieben das Meer und die Wellen
und sind ganz finstere Gesellen.
Hohoho!

Piratenbrötchen

- Halbiere ein Brötchen.
- Bestreiche es mit Butter oder Margarine.
- Belege es mit einer Scheibe Blutwurst oder Schinken.
- So hisst du das Segel: Steck einen Holzspieß am oberen und unteren Ende durch ein Salatblatt, und stecke den Spieß dann in das Brötchen.

Zischka, die atem-beraubende Luftschlange

Zischka ist ganz anders als ihre Brüder und Schwestern. Ihre Geschwister sprechen nicht viel, sie sind einsilbig und wortkarg. Zischka hingegen kann einem Löcher in den Bauch fragen: „Wieso ist der Himmel blau? Was wünschen sich Wale zum Geburtstag? Warum haben wir Schlangen keinen Bauchnabel?“ Sie ist neugierig und will alles wissen. Zischkas Geschwister kennen kaum andere Tiere im Dschungel. Zischka jedoch hat eine Menge Freunde. Alles, wofür Zischkas Geschwister sich interessieren, ist fressen.

Wenn sie etwas zu fressen haben,
fressen sie viel.
Sehr viel!
Meistens viel zu viel.

So viel, dass sie anschließend tagelang faul in der Sonne liegen und verdauen. Zischka ist das zu langweilig. Während ihre Geschwister in der Sonne dösen, schlängelt sie sich die höchsten Bäume hinauf. Sie übt, von Ast zu Ast zu schwingen und dabei Saltos zu machen.

„Wie eine von uns!“, staunen die Gibbons, die sich ebenfalls mühelos von Ast zu Ast hangeln.

Zischka lernt, sich zu kunstvollen Knoten zu verknäulen und zu rollen wie ein buntes Rad.
„Wahnsinn, so etwas habe ich noch nie gesehen!“, schnurrt das Ozelot, das Zischka zusieht.
Zischka kann über die dünnsten Äste auf der Schwanzspitze balancieren und tanzen wie eine Ballerina.
„Wie elegant!“, staunt der Tapir, der sich im Schlamm suhlt.

„Wenn doch mehr Leute meine Kunststücke sehen könnten!", seufzt Zischka.
„Wenn du das willst, dann musst du in die Stadt gehen", rät die Ratte, die weit herumgekommen ist. „In einer Stadt wohnen fast so viele Leute, wie Termiten in einem Termitenhügel."

„Echt?", fragt Zischka. „Na gut, dann gehe ich in die Stadt."

Der Weg in die Stadt ist weit. Aber Zischka hat ja gute Freunde, die ihr bei der Reise helfen: Erst nimmt das Krokodil Zischka auf den Rücken und schwimmt mit ihr den Fluss entlang. Dann trägt der Geier sie bis in die Stadt.
Die Ratte hatte Recht. Hier wimmelt es von Menschen. Aber die Leute haben es eilig. Keiner bleibt stehen. Niemand will sich mit Zischka unterhalten. Keiner bemerkt, wenn Zischka sich zu kunstvollen Knoten verknäult. Niemand klatscht, wenn Zischka sich an einem Laternenpfahl hinaufschlängelt und von Laterne zu Laterne schwingt. Keiner sieht zu, wenn sie elegant wie eine Ballerina auf den Oberleitungen der Straßenbahn Seiltanz macht.
Abends hat Zischka Sehnsucht nach dem Dschungel. Sie denkt an ihre Freunde. Und sie hat großen Hunger. Aber in der Stadt wachsen weder Bananen noch Mangos. Zischka

findet einen Supermarkt. Hier gibt es zwar alles, was das Herz begehrt, doch sie hat ja kein Geld. Geld verdient man mit Arbeit.

Also muss Zischka
sich Arbeit suchen.
„Haben Sie Arbeit für mich?“,
fragt Zischka.

Schlangen sind in der Stadt zum Glück überaus gefragt. Zischka arbeitet zuerst eine Weile als Autoschlange, dann als Brillenschlange, und schließlich findet sie eine gute Stelle als Warteschlange. Diese Arbeit macht Zischka Spaß. Aber jetzt hat sie fast keine Zeit mehr für ihre Schlangenakrobatik.

Da kommt eines Tages ein Zirkus in die Stadt. In einem Zirkus war Zischka noch nie. Sie betrachtet das Plakat mit dem Clown. „Das muss ich mir anschauen“, denkt sie. Also nimmt sie sich einen Tag Urlaub und kauft sich eine Eintrittskarte.
Sie ist viel zu früh im Zirkus. Das Zelt ist noch ganz leer. Sie setzt sich in die erste Reihe und wartet. Als ihr vom Warten langweilig wird, ringelt sie sich an dem großen Mast in die Zirkuskuppel hinauf und schwingt am Trapez hin und her. „Das macht ja noch mehr Spaß, als mit den Gibbons im Urwald von Baum zu Baum zu schwingen!“, denkt Zischka vergnügt.

Zischka macht Saltos. Sie schlägt Purzelbäume in der Luft und rollt als Rad durch die Manege.

Sie dopst wie ein Ball, verknäult sich zu kunstvollen Knoten und tanzt wie eine einbeinige Ballerina auf dem Hochseil unter der Zirkuskuppel - und dabei vergisst sie alles um sich herum.
Zischka merkt nicht, dass der Zirkusdirektor ins Zelt kommt. Sie merkt nicht, dass alle Artisten ihr zuschauen. Sie merkt nicht, wie die Scheinwerfer angehen. Sie hört nicht, dass die Musiker vom Orchester leise zu ihren Kunststücken spielen.

Sie hört nicht die Trommelwirbel, sie merkt nicht einmal, wie sich das Zirkuszelt nach und nach füllt, bis auch der letzte Platz besetzt ist.

Die Zuschauer sind mucksmäuschenstill. Sie halten den Atem an, wenn Zischka sich ohne Netz in schwindelerregender Höhe von Mast zu Mast hangelt. Doch als Zischka sich schließlich wieder nach unten schlängelt, bricht tosender Applaus los.

Zischka wird ganz rot
und verlegen.
Aber dann verbeugt sie sich
nach allen Seiten und lächelt.

Jetzt hat ihr also doch noch jemand zugeschaut!
„Verehrteste Frau Schlange“, sagt der Zirkusdirektor, weil er ja Zischkas Namen nicht weiß. „Wollen Sie Zirkusartistin bei uns werden?“
„Nichts möchte ich lieber!“, flüstert Zischka glücklich.
Und so kündigt Zischka ihren Job als Warteschlange. Von nun an ist *‚Zischka, die atemberaubende Luftschlange‘* die größte Attraktion im Zirkus. Mit der Papageien-Luftpost schickt Zischka Freikarten und Einladungen an ihre Freunde und Geschwister im Dschungel. Sie kommen alle.
Und so gibt der Zirkus eines Abends eine Dschungel-Sondervorstellung für Zischkas Freunde und Verwandte.
„Zischka, du bist wunderbar!“, kreischen die Affen und Geier begeistert.

„Nicht zu glauben!“, zischeln die verfressenen Geschwister, als sie Zischka in ihrem glitzernden Kostüm sehen.

„Seht nur unsere Schwester!
Was die alles kann!“,
zischeln sie
und knabbern dabei Popcorn.

Sie sind alle sehr, sehr stolz auf ihre begabte Schwester und auf ihre berühmte Freundin!

Mitmach-Seite

- Warum zieht Zischka in die Stadt um?

- Wer hilft Zischka bei der langen Reise in die Stadt?
- Warum passt der Name Zischka gut zu einer Schlange?
- Welche Tiere könnten so heißen?
  - **Bell**o
  - **Grunz**ki
  - **Quak**i
  - **Mäh**chen
- Auch diese Tiere hätten gern einen passenden Namen: Kuh, Ziege, Vogel, Pferd
- In welchem Bild der Geschichte kannst du das finden?

Wie fühlt Zischka sich gerade?

Male eine Schlange mit einem tollen Muster auf ihrer Haut!

Was bedeutet wortkarg?

- ◯ Jemand redet nicht viel.
- ◯ Jemand redet nur dummes Zeug.

Diese Freunde von Zischka kennst du vielleicht noch nicht: Ozelot, Gibbon, Tapir. Deshalb stellen sie sich jetzt vor.

- Ich habe einen kleinen Rüssel, mit dem ich sogar greifen kann. Meine Verwandten sind Pferde und Nashörner. Dabei sehe ich fast aus wie ein Schwein. In der Geschichte benehme ich mich auch so.
- Ich bin ein kleiner Menschenaffe mit einem dichten Fell und langen Armen. Die brauche ich, weil ich in den Bäumen wohne und mich gern von Ast zu Ast schwinge.
- Ich habe ein weiches geflecktes Fell und gehöre zur Familie der Katzen. Deshalb kann ich auch wie eine Katze schnurren.

Eine gruselige Nacht

Das Haus, in dem Felix mit seinen Eltern wohnt, ist ein sehr altes Haus. Es hat viele Fenster und einen runden Turm. An den dicken alten Steinmauern klettert das Efeu hinauf bis zum Dach. Zur großen Eingangstür führen abgetretene Steintreppen mit schmiedeeisernen Geländern an beiden Seiten. „Wir wohnen fast in einem richtigen Schloss", sagt Papa manchmal zu Felix, wenn sie es sich auf dem Sofa im Wohnzimmer gemütlich machen und das Feuer im Kamin knistert. Dann pfeift der Wind um das Haus, und die Fensterläden klappern.

„Gibt es hier auch richtige Vampire?", fragt Felix neugierig und kuschelt sich an seinen Papa.

„Vielleicht", antwortet sein Papa und zwinkert ihm zu. „Auf unserem Dachboden habe ich ein altes Buch gefunden. Darin wird von einem Vampir berichtet, der Hugo heißt, Himbeersaft trinkt und ungefähr so groß ist wie du. Aber jetzt ab ins Bett."

Felix geht die Stufen zu seinem Zimmer hinauf. Bevor er sich seinen Schlafanzug anzieht, blickt er einen Moment in den verwilderten Garten. Dort steht eine mächtige Weide. In der Dunkelheit versammeln sich in den Ästen die Raben und krächzen. Im Stamm des Baumes wohnt eine Eule, die sich über den Lärm der Mitbewohner beschwert. „Schuhuuuu!", heult sie. „Schuuuuuhuuuuu!"

„Jetzt fehlt nur noch Hugo, der gruselige Vampir!", denkt Felix zufrieden.

Schnell zieht er seinen Pullover und seine Hose aus und schlüpft in seinen Schlafanzug. Kaum liegt er unter der Bettdecke, geht die Tür auf, und seine Mama kommt herein, um ihm vorzulesen.

Mit seinem Lieblingsbuch in der Hand setzt sie sich zu ihm aufs Bett. Sie schlägt „Tiere der Dunkelheit: Fledermäuse und Nager“ auf und liest einige Seiten. Schließlich fährt sie Felix über die Haare und flüstert: „Träum schön, mein Süßer!“
Sanft gibt sie ihm einen Kuss auf die Stirn und steht leise auf. Felix will doch noch gar nicht einschlafen. Viel lieber will er mehr von Fledermäusen und Nagern hören. Aber als seine Mama die Nachttischlampe ausknipst, fallen Felix bereits die Augen zu. Kurz darauf träumt er von Vampiren, die mit langen Strohhalmen aus silbernen Bechern blutroten Himbeersaft trinken.

Mitten in der Nacht wird Felix plötzlich von einem fremden Geräusch geweckt. „Krrrr“ macht es über ihm und „tarapp, tapp, tapp“.
Dann ist es wieder mucksmäuschenstill. Felix liegt auf dem Rücken und starrt an die Decke. Angestrengt lauscht er in die Dunkelheit. Aber das Knistern und Scharren hat aufgehört. Felix hört nur noch seinen eigenen Atem. Er bewegt sich keinen Millimeter.
Da ist es wieder, ein ganz leises Knistern, „krrrr“, als ob jemand Butterbrotpapier zusammenknüllt.

„Das fremde Geräusch kommt vom Dachboden.“ Felix spitzt die Ohren. „So viel ist sicher.“

Felix schlägt die Decke zurück. Langsam steht er auf und zieht sich seine Pantoffeln an. Er geht zur Tür, öffnet sie vorsichtig und späht in den Flur. Dünnes Mondlicht fällt durch die Fenster und schimmert silbern an den Wänden und auf dem Boden. Vielleicht hat Felix Glück und sein Wunsch erfüllt sich. Wird er heute Nacht Hugo, den Vampir, treffen? Felix schielt zum anderen Ende des Ganges. Dort ist die Tür, die zum Dachboden führt.

„Ob ich Licht machen soll?“, überlegt er. „Oder vertreibe ich damit den kleinen Vampir?“

Schließlich mögen Vampire weder die Sonne noch Lampen. Aber ihm selbst ist schon mulmig, so ganz allein in der Dunkelheit. Da hat Felix eine Idee. In der kleinen Kommode neben dem Aufgang zum Dachboden liegt eine Taschenlampe. Felix huscht über den Flur, öffnet die Schublade und nimmt sie heraus. Wenn es zu unheimlich wird, kann er sie anknipsen.

Dann geht er zum anderen Ende des Flurs. Er holt tief Luft, drückt die Klinke herunter und öffnet die Dachbodentür einen Spalt. Da ist es wieder, das fremde Geräusch! „Krrrr!“, und noch einmal „krrrr!“

Felix' Herz stockt. Wird er wirklich Hugo begegnen? Ein leichter Schauer fährt über seinen Rücken. Auf Zehenspitzen schleicht er die Stufen hinauf. Die Taschenlampe hält er fest in der Hand. Beim Näherkommen hört er aus dem hinteren Winkel des Bodens ein sehr eiliges „tapp, tapp, tapp, tarapp“.

Felix zögert.
„Ein Vampir, der wegläuft?“,
fragt er sich.
„Das ist komisch!“

Felix versucht, sich im Dunkeln zurechtzufinden. Durch zwei schmale Luken dringt das schummrige Licht einer Straßenlaterne. Jetzt hört er wieder ein Tapsen. Das ist kein Vampir! Felix entscheidet sich blitzschnell. Er knipst die Taschenlampe an und richtet den hellen Strahl direkt in die Ecke, aus der das Rascheln kommt. Da entdeckt er ein kleines Fellknäuel, das erstarrt auf den Hinterbeinen steht. Aus dem halbgeöffneten Maul schimmern spitze Eckzähne.

„Keine Angst!
Ich tu dir doch nichts“,
flüstert Felix ruhig.

Als ob der Marder Felix versteht, schaut er ihn einen Moment aus seinen runden schwarzen Knopfaugen an. Dann lässt er sich auf die Vorderfüße fallen und huscht hinter einen alten Schrank. Felix wartet einen Moment. Aber der Nager bleibt spurlos verschwunden.

Echte Vampire sehen echt anders aus! Felix grinst in sich hinein und knipst die Lampe aus.

Das muss er unbedingt morgen seinem Papa und seiner Mama erzählen. Zwar hat er heute Nacht in ihrem Haus keinen Vampir entdeckt, der Hugo heißt und Himbeersaft trinkt.

Aber dafür wohnt ein hübscher Marder mit spitzen Zähnen auf ihrem Dachboden.
Und wer weiß: Vielleicht trifft Felix bald auch Hugo. Denn nächste Woche ist Vollmond. Und wie jeder weiß, haben Vampire diese Nächte besonders gern. Wenn Felix dann noch eine Flasche Himbeersaft neben sein Bett stellt, bekommt er bestimmt Besuch. Da ist er ganz sicher!

Mitmach-Seite

Welche Geräusche hörst du in der Nacht? Welche magst du? Welche magst du nicht?

Was machst du, wenn du Angst bekommst?

Nimm ein Stück schwarze Pappe und einen weißen Stift. Male einen kleinen Vampir bei Vollmond.

Ich sehe was, was du nicht siehst!

- Was ich meine, trägt man auf dem Kopf.
- Darauf ist ein Schädel.
- Früher trugen es Piraten.

Jetzt bist du dran! Was siehst du? Beschreibe es.

Rezept für einen Vampirsaft

- Verdünne ein großes Glas Himbeersaft mit einem großen Glas Wasser und mach daraus Eiswürfel.
- Schütte eine Flasche Orangensaft in eine Glaskanne, und gib die Eiswürfel dazu.

Bitte einen Erwachsenen, dir dabei zu helfen.

Sprich nach

Was wollen viele Vampire?
Viele Vampire wollen
viel Vampirsaft.

Wie findest du Felix?

- ◯ ängstlich
- ◯ mutig
- ◯ lustig

Findest du die Reimwörter?

Der kleine Vampir
ist erst ...

Er kommt zu mir,
er kommt zu ...

und fliegt zum Mond,
der im Himmel ...

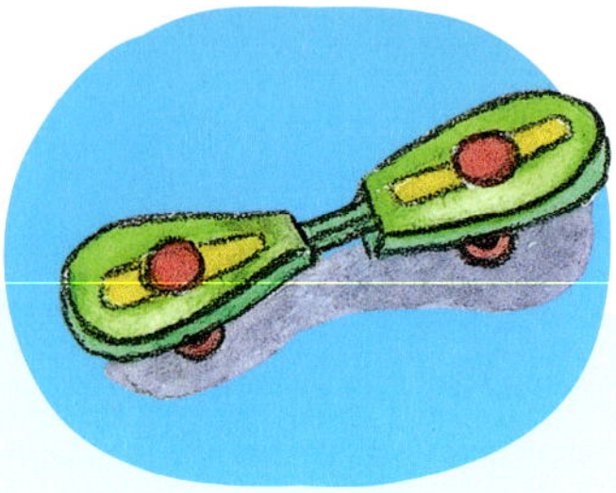

Voll cool, ey!

Rasim und Jakob sitzen auf der Mauer bei den Fahrradständern und baumeln mit den Beinen. Jakob reicht Rasim seine Brotdose. Rasim macht auf und guckt rein.

„Lecker,
Leberwurst mit Gurke!“,
sagt er.

Jakob macht Rasims Dose auf. „Hm! Camembert mit Ananas“, sagt Jakob. Rasim und Jakob tauschen jeden Tag ihre Pausenbrote. Rasim findet, dass Jakobs Brote *viel* besser sind, während Jakob umgekehrt Rasims Brote lieber mag.
„Guck mal da“, nuschelt Jakob mit vollem Mund und deutet auf einen Jungen, der gerade zum Schultor hereinkommt. Er rollt auf einem Waveboard die leicht abschüssige Auffahrt zum Pausenhof entlang und dann quer über den Hof. Dort fährt er im eleganten Slalom durch die Jungen und Mädchen, die hier Fangen, Gummitwist und Kieselstein-Kicken spielen.
„Ich glaube, das ist ein Geheimagent mit einem geheimen Auftrag!“, sagt Jakob.

„Echt?“, fragt Rasim und lässt den Jungen, der so lässig Waveboard fährt, nicht aus den Augen.
Kurz vor der großen Glastür zur Pausenhalle springt der Junge ab und tritt mit dem Fuß hinten auf sein Board. Es schnellt hoch, er packt es und klemmt es sich unter den Arm. Dann zieht er die Tür auf und geht rein.
„Vielleicht will er Frau Noller entführen", vermutet Jakob.

Rasim lacht.
„Dann hätten wir jetzt ja schulfrei!“, sagt er.

Mit Jakob ist es nie langweilig. Ihm fallen zu allem immer die spannendsten Geschichten ein.

Es klingelt. Die Pause ist zu Ende. Frau Noller wurde nicht entführt. Sie sagt: „Schlagt eure Schreibhefte auf. Wir üben heute Bs."
Da geht die Tür auf. Herein kommt der Waveboard-Fahrer. Frau Noller legt ihm von hinten die Hände auf die Schultern. „Das ist Gustav, er geht ab heute in unsere Klasse." Sie sieht sich um. „Setz dich doch erst einmal neben Lena. Da ist noch ein Platz frei", sagt sie zu Gustav.
„Cool!", sagt Gustav und setzt sich.
In der nächsten Pause umringen alle den Neuen.
„Darf ich mal auf deinem Waveboard fahren?"
„Oh ja, ich will auch!"
Der Neue setzt seine Schirmmütze auf und sagt: „Na gut. Wer will, darf mal probieren. Aber leicht ist das nicht!"

Das ist es tatsächlich nicht. Die meisten schaffen es nicht einmal sich darauf zu stellen, ohne umzufallen. Gustav grinst. Jakob schlägt sich das Knie auf beim Probieren. Gustav verdreht die Augen. Rasim schafft es als einziger, sogar ein kleines Stück mit dem wabbeligen Waveboard zu rollen.

„Cool", sagt Gustav. „Du hast es drauf."
Rasim grinst. Er findet den Neuen nett.
„Wollen wir jetzt Brote tauschen?", fragt Jakob und tupft sich mit einem Taschentuch das Blut vom Knie.
Rasim zögert. Doch als Gustav ihm sein Waveboard rüber schiebt, schüttelt er den Kopf.

„Nee, ich fahr erst noch mal", sagt er dann.

An diesem Tag essen Jakob und Rasim zum ersten Mal, seitdem sie zur Schule gehen, das eigene Pausenbrot.

Gleich nach dem Mittagessen klingelt bei Rasim zu Hause das Telefon. Jakob ist dran.
„Kommst du vorbei?“, fragt er. „Dann können wir das Hörspiel zu Ende aufnehmen, mit dem wir gestern angefangen haben.“
„Ich kann heute nicht“, sagt Rasim.
„Wieso nicht?“, fragt Jakob. „Du hast doch erst morgen wieder Basketball-Training!“

**„Ich kann trotzdem nicht.“
Rasim zögert, dann sagt er doch:
„Ich bin nachher
mit Gustav verabredet.“**

„Oh“, sagt Jakob. „Ach so.“
„Also tschüss dann“, sagt Rasim und legt rasch auf. Er hat Angst, dass Jakob fragt, ob er mitkommen kann. Rasim spielt wirklich gerne mit Jakob. Und eigentlich ist Jakob sogar Rasims bester Freund. Aber manchmal ist es wirklich peinlich, wenn Jakob beim Kicken jeden Ball verschießt oder beim Fangenspielen nie jemanden fängt, weil er so langsam ist.

Der Nachmittag bei Gustav wird schön. Gustav hat außer dem Waveboard auch noch ein Skateboard. Die beiden üben den ganzen Nachmittag. Und als Rasim geht, kann er sogar schon Kurven mit dem Waveboard fahren.

Am nächsten Tag haben sie in den ersten beiden Stunden Sport. Gustav darf eine Mannschaft zusammenstellen, und er wählt als erstes Rasim. Jakob wird ziemlich zum Schluss in die andere Mannschaft gewählt.

Rasim schießt drei Tore für seine Mannschaft.

„Voll cool, Rasim!", ruft Gustav. Gustav schießt auch noch mal zwei Tore, sodass ihre Mannschaft gewinnt.

In der großen Pause gibt Gustav für seine Mannschaft eine Runde Gummibärchen aus. Sie sitzen alle auf dem Rasen. „Wir sollen doch eigentlich keine Süßigkeiten mit in die Schule bringen", sagt Jakob, der mit seiner Brotdose in der Hand neben Rasim steht.

„Du musst ja keine essen“, sagt Gustav. „Außerdem gehörst du hier sowieso nicht dazu.“ Er dreht Jakob den Rücken zu und hält Rasim die Tüte hin.

Jakob schaut Rasim an, aber der senkt den Blick und greift in die Gummibärchentüte. Da dreht Jakob sich um und geht. „Oh Mann, der Typ ist doch voll uncool, ey!“, sagt Gustav so laut, dass Jakob es auch hören muss. Jakob senkt den Kopf.

Rasim mag Gustav. Er ist cool, und alle finden ihn toll. Aber Jakob ist sein Freund, und ihn mag er auch. Und zwar schon lange. Und jetzt geht Jakob ganz alleine weg und sieht so traurig aus … Rasim springt auf.

„Stimmt nicht!", sagt er.
„Jakob ist cool! Nur anders cool!
Und seine Pausenbrote
sind super!"

Er schnappt sich seine Brotdose und ruft: „Hey, Jakob, warte!" Jakob dreht sich um. Als er sieht, dass Rasim ihm nachläuft, wischt er sich mit dem Handrücken über die Augen und grinst.
„Was hast du heute drauf?", fragt er, als Rasim ihn eingeholt hat.

Mitmach-Seite

Welches Kind ist Gustav?
Finde zwei Beweise für deine Meinung!

Der erste Tag in der neuen Schule!
Wie fühlt Gustav sich?

Warum ist Waveboard fahren so schwierig?

Wer schafft es, auf Gustavs Waveboard zu fahren?

Was kann Jakob gut?
Was kann Jakob nicht so gut?

Das hat Jakob sich ausgedacht:
Ein Geheimagent entführt die Lehrerin.
Kannst du die Geschichte weitererzählen?
Diese Fragen können dir dabei helfen:

- Warum wird die Lehrerin entführt?
- Wer rettet die Lehrerin?
- Was tut der Retter?
- Welche Abenteuer muss er bestehen?
- Bist du vielleicht der Held in der Geschichte?

Male ein Bild von diesem aufregenden Abenteuer!

Denkst du dir gern verrückte Geschichten aus?

Jakob ist anders cool!
Was meint Rasmin damit?

Rasmin möchte Gustav überzeugen, dass Jakob sehr nett ist. Was kann er sagen?
Such' dir jemanden, der das Gespräch mit dir spielt.
Was sagst du, wenn du Rasmin bist?
Was würdest du als Gustav sagen?

In welchem Bild der Geschichte kannst du das finden?

Die wilden Erdbären kommen!

Es ist Mai. Der Aprilregen hat aufgehört. Die Schmetterlinge gaukeln von Blüte zu Blüte und die Bienen summen geschäftig. Hugo, der Bär, sitzt faul und träge vor seiner Höhle und lässt sich die Sonne auf den Pelz brennen.
Da kommt ganz aufgeregt Willi, der Waschbär, angesprungen.

„Hugo! Hugo! Komm schnell mit!“, ruft Willi.
„Hast du noch nichts von den wilden Erdbären gehört?“

„Hm? Was ist los?“, brummt Hugo und blinzelt verschlafen. Aber Willi hört ihn schon nicht mehr. Er ist längst über alle Berge, ehe Hugo sich aufgerappelt hat.
Hugo schüttelt seinen zottigen Kopf. Gerade will er sich wieder hinlegen, als Wilma, das Wildschwein, mit ihren sieben Kindern angerannt kommt.
„Onkel Hugo!“, quieken die sieben Frischlinge und laufen auf den Bären zu.

„Schön, dass ihr mich mal wieder besucht“, brummt Hugo und kitzelt das kleinste Ferkel am Bauch. Es kichert und die anderen Ferkel stupsen den Bären, damit er sie auch kitzelt.

**„Keine Zeit!
Weiter, weiter!“,
grunzt Wilma.
„Jetzt wird nicht gespielt!“**

Sie treibt ihre Kinder an. „Hugo, komm mit! … Die wilden Erdbären …“, keucht sie ganz außer Atem vom schnellen Laufen.

„Was denn für Bären?“, fragt Hugo.
Aber Wilma ist längst weitergelaufen und hört Hugo nicht mehr. Kaum ist sie mit ihren gestreiften Ferkeln im Unterholz verschwunden, kommt Nora, das zarte Reh, mit ihren fünf eleganten Schwestern angesprungen. Nora blinzelt Hugo mit ihren großen Augen an und haucht ohne stehen zu bleiben: „Oh, Hugo … diese wilden …“ Den Rest versteht Hugo nicht, weil Nora immer so leise spricht. Dann sind auch die Rehe zwischen den Bäumen verschwunden.
„Wieso haben es alle auf einmal so furchtbar eilig?“, denkt Hugo. „Und was sind das bloß für Bären, vor denen sie alle davonlaufen?“ Hugo überlegt: Er kennt Braunbären, Schwarzbären, Grizzlybären, Kodiakbären, Eisbären, Kragenbären, Ameisenbären, Seebären, Brillenbären, Pandabären und Malaienbären … und mit Willi, dem Waschbären, ist Hugo gut befreundet. Aber hier im Wald gibt es außer ihnen beiden weit und breit keine anderen Bären.
Hugo selbst ist ein großer, starker, zottiger Bär.

Er hat keine Angst.
Nie.
Nicht vor dem Wolf.
Nicht vor dem Winter.
Nicht einmal vor Bienen.

Aber jetzt wird ihm doch mulmig zumute. „Ob diese wilden Bären wohl größer sind als ich?“, überlegt er. „Bestimmt sind sie furchtbar gefährlich, wenn sogar Wilma vor ihnen wegläuft!“ Hugo denkt nach. Wenn diese Bären gerade erst aus ihrem Winterschlaf aufgewacht sind …

… dann sind sie bestimmt schrecklich hungrig … Sicherlich sind sie zum Jagen in seinen Wald gekommen …

Wahrscheinlich wollen sie Willi, Nora, Wilma und die sieben süßen Frischlinge fressen … Deshalb sind seine Freunde auch alle so schnell weggelaufen! Hugos mulmiges Gefühl verwandelt sich in Wut.

„So weit kommt's!“, brüllt er und schlägt mit der Tatze so fest gegen den Baum, dass die Maikäfer von den Zweigen fallen. „Meine Freunde werden nicht gefressen“, brüllt er. „Von gar niemandem! Und von schlecht gelaunten, fremden Bären gleich dreimal nicht!“

Er ist jetzt sehr wütend auf diese fremden Bären, die so mir-nichts-dir-nichts in seinen Wald kommen und dann obendrein noch seine besten Freunde fressen wollen. „Denen werde ich zeigen, wer hier wen frisst!“, knurrt Hugo drohend. Er springt auf und rennt los in die Richtung, in die Willi, Nora, ihre Schwestern und Wilma mit den Frischlingen verschwunden sind. Mit jedem Schritt wächst seine Wut auf diese verfressenen, gemeinen, fremden Bären.

Hugo rennt über Stock und Stein.
Er bricht krachend durchs Gebüsch.
Er springt über Bäche
und schwimmt durch einen See.

Er bleibt nicht stehen, wenn Dornenranken sich in seinem Fell verfangen und weicht nicht aus, wenn Brennnesseln und Disteln in seinem Weg wachsen. Schließlich sieht Hugo seine Freunde auf einer Lichtung. „Willi! Wilma! Nora!“, ruft Hugo. „Bin ich froh, dass ich euch endlich gefunden habe!“ Aber niemand antwortet ihm.

Nora klimpert nicht
mit den Augen.
Die Ferkel laufen
ihm nicht entgegen.

Und Willi winkt ihm nicht zu. Hugos Freunde liegen alle reglos im Gras. Als Hugo näher kommt, sieht er, dass ihr Fell ganz rot ist. Dicke Tränen steigen Hugo in die Augen. „Oh nein!“, flüstert er entsetzt. „Ich komme zu spät! Die Bären waren schneller!“

Er wirft sich zu Boden und
rauft sich verzweifelt das Fell!
„Ach, wäre ich doch nur
früher losgelaufen!“, ruft er.

Er ist so traurig, dass er nicht den Kopf hebt, als ihn jemand anstupst. Er schaut auch nicht hoch, als ihn jemand am Fell zupft. Erst als eine Stimme hinter ihm haucht: „Nicht weinen Hugo!“, hebt er den Kopf. Da stehen sie alle vor ihm. Nora und ihre Schwestern, Wilma und die sieben Frischlinge und Willi, der Waschbär.

„Ihr lebt ja!“, ruft Hugo und küsst Willi, der ihm am nächsten steht.

„Was ist denn mit dir los?“, fragt Willi und wischt sich Hugos Kuss von der Wange.

„Hm … dein Blut schmeckt ja so süß …“, sagt Hugo und schleckt seinem Freund noch einmal übers Maul.

„Igitt!“, sagt Willi und wischt sich Hugos Schlabberkuss ab. „Was denn für Blut? Du hast wohl zu lange in der Sonne gelegen! Das ist Erdbeersaft.“

„Erdbeersaft?“, wiederholt Hugo.
„Du musst nicht traurig sein, Onkel Hugo“, sagt eines der kleinen Ferkel. „Es sind noch genug für dich da! Auch wenn du ziemlich spät kommst!“
„Wir haben dir sogar schon ein Körbchen voll gepflückt“, sagt Nora.
„Das wollten wir dir nachher vorbeibringen“, erklärt Wilma.
„Aber jetzt muss ich mich erst noch ein bisschen ausruhen. Wir haben nämlich alle so viel gefuttert, dass wir uns kaum noch rühren können!“ Wilma lässt sich wieder ins Gras fallen und leckt sich den Erdbeersaft vom Fell.
Hugo lässt sich neben sie plumpsen und fängt an zu lachen.

„Ich dachte, die wilden Erdbären wollten euch fressen“, sagt er. „Dabei habt ihr die wilden Erdbeeren gefuttert!“

„Probier doch mal, wie süß die sind!“, haucht Nora und steckt Hugo eine große, rote Erdbeere ins Maul.
„Lecker!“, brummt Hugo. „Die schmeckt nach mehr!“
Und nach zehn Minuten ist auch Hugos Fell ganz rot vom Erdbeersaft!

Mitmach-Seite

Was ist hier passiert?

Willi ist längst über alle Berge.
Was bedeutet das?

- ○ Er ist ein sehr guter Bergsteiger.
- ○ Er ist schon weit weg.

Was sagt Hugo?
Was sagt Willi?
Kannst du das Gespräch
mit jemandem nachspielen?

Warum glaubt Hugo, dass Erdbeeren gefährlich sein könnten?

Welche Stelle gefällt dir in der Geschichte am besten?

Hast du auch schon mal vor etwas Angst gehabt, was eigentlich gar nicht gefährlich ist?

Sehr lecker: Erdbeeren im Winterschlaf

- Erdbeeren waschen und in Stücke schneiden,
- in eine Schüssel legen,
- mit Joghurt zudecken, Kokosraspeln darüber streuen.
- Nicht umrühren, sonst werden die Erdbeeren wieder wach!

Was denkt Hugo in diesem Moment?

- ○ Die anderen haben mir alles weggegessen!
- ○ Jemand will meinen Freunden etwas tun!

Findest du die Reimwörter?

Die Freunde sind jetzt alle satt,
weil jeder genug gefuttert ● ● ●.
Auch Hugo wurde nicht vergessen.
So kann er selbst noch Beeren ● ● ● ● ●.
Wilde Erdbeeren schmecken fein.
Die können nicht gefährlich ● ● ● ●.

Oma ist verliebt

„Oma, hilfst du mir mal?“, ruft Pia. Sie sitzt in ihrem Zimmer und macht Hausaufgaben. Seitdem ihre Mutter ausgezogen ist, ist Oma nachmittags bei ihr. Anfangs hat Pia ihre Mutter sehr vermisst. Inzwischen findet sie es in Ordnung, dass Oma auf sie wartet, wenn sie aus der Schule kommt. Und in den Ferien besucht Pia ihre Mutter auf einem richtigen Bauernhof mit Kühen, Katzen und einem Hund.

„Sofort, mein Schatz!“, antwortet Oma aus der Küche und schiebt einen Kuchen in den Ofen. Dann nimmt sie ihre Schürze ab. Sie geht zu Pia und setzt sich neben ihre Enkelin an den Schreibtisch. Mit Omas Hilfe sind die Aufgaben schnell gelöst.

„Zur Belohnung gibt es Kuchen“, schlägt Oma vor.

„Juhu“, freut sich Pia. Sie klappt ihr Heft zu, springt auf und läuft voraus ins Wohnzimmer. Dort deckt Oma den Tisch heute besonders festlich. Sie zündet sogar eine Kerze an und legt bunte Servietten neben die Tassen, wie an einem Geburtstag. Als Oma den Kuchen anschneidet, bemerkt Pia ihre silbernen Ohrringe, die im Kerzenlicht schimmern.

„Du siehst heute wirklich sehr hübsch aus“, stellt Pia erstaunt fest.

„Findest du?“ Oma errötet und nimmt Platz. „Das liegt vielleicht daran, dass mir etwas Wunderbares passiert ist. Ich habe nicht geglaubt, dass ich in meinem Leben noch einmal so glücklich werde.“
Pia stutzt. War Oma denn nicht immer glücklich?
„Weißt du“, Oma dreht verlegen an einem Ring, „ich habe jemanden kennengelernt.“
Pia wundert sich. Das ist doch nichts Besonderes. Sie lernt jeden Tag neue Leute kennen: in der Schule, im Supermarkt oder auf dem Spielplatz.

„Also, ich habe einen Mann getroffen, und wir mögen uns sehr gerne“, erklärt Oma weiter.
Langsam versteht Pia, dass der Mann nicht irgendein Mann ist, sondern dass er sehr wichtig für Omas Leben ist.

„Magst du ihn lieber als mich?“, fragt Pia und schluckt.

„Wie kommst du denn darauf?“, erwidert Oma erschrocken. „Hätte ja sein können.“ Pia merkt, wie ihr Tränen in die Augen steigen. Ihre Mutter ist ausgezogen, als sie einen neuen Mann kennengelernt hatte.

„Vielleicht können wir mal etwas zusammen unternehmen?“ Oma lächelt Pia versonnen an. „Ich habe Edgar schon so viel von dir erzählt.“

„Edgar heißt er also“, überlegt Pia nachdenklich. Sie zieht die Stirn kraus und schweigt.

Oma nimmt ihre Hand. „Wir werden bestimmt viel Spaß zusammen haben.“

Pia ist sich da nicht so sicher. Aber sie merkt, wie sehr sich Oma ein Treffen zu dritt wünscht. Deswegen nickt sie stumm.

In diesem Moment wird der Schlüssel umgedreht, und die Wohnungstür geht auf.

„Hallo zusammen“, ruft Pias Vater fröhlich. Er stellt seine Aktentasche in die Ecke und hängt die Jacke an die Garderobe. Dann gibt er Pia einen Kuss und fährt Oma mit der Hand über den Rücken.

„Guten Abend, Herbert! Ich habe gar nicht gemerkt, wie schnell die Zeit vergangen ist“, meint Pias Oma und steht hastig auf.

„Du musst schon gehen?“, fragt der Vater verwundert.

„Ich bin verabredet. Macht euch doch die Suppe warm, die im Kühlschrank steht.“ Bei den letzten Worten steht Oma bereits im Flur. Dort nimmt sie einen Lippenstift aus ihrer Handtasche, stellt sich vor den Spiegel und malt ihren Mund rosa an.

Pias Vater zieht die Augenbrauen hoch. „Hast du etwas Besonderes vor?“

„Das kann dir Pia erklären. Ich muss wirklich los“, antwortet Oma und ist kurz darauf verschwunden.
„Was kannst du mir erklären?“, fragt Pias Vater und sammelt das Besteck vom Kaffeetisch ein.

**„Ich glaube,
Oma ist ganz doll verliebt“,
erklärt Pia langsam
und kräuselt die Lippen.**

„Hat sie das gesagt?“ Pias Vater fällt fast eine Gabel aus der Hand.
„Na ja, so etwas Ähnliches“, antwortet Pia und stellt die Tassen zusammen.

„Na, da bin ich ja mal gespannt“, murmelt der Vater. „Die Jüngste ist sie ja nicht mehr.“
„Aber Oma sieht plötzlich viel jünger aus als früher“, überlegt Pia laut. „Und sie ist so gut gelaunt.“
„Da hast du recht“, sagt der Vater und schmunzelt, als er in die Küche geht, um das Geschirr in die Spülmaschine zu räumen.

Am nächsten Tag steht Oma am Herd und brät Pfannkuchen. Als Pia der süße Duft in die Nase steigt, läuft ihr das Wasser im Mund zusammen.
„Wie war's in der Schule?“, fragt Oma, und dreht sich zu Pia.
„Wie immer!“ Pia beobachtet, wie der goldgelbe Teig in der Pfanne braun wird. „Und wie war dein Abend?“
Oma lächelt verträumt. „Richtig romantisch. Edgar und ich waren in einem Restaurant essen.“

„Aha“, meint Pia tonlos, die noch nicht richtig weiß, was sie von Omas neuem Leben halten soll.

„Möchtest du heute Nachmittag ins Eiscafé?“, fragt Oma und dreht den Pfannkuchen um.
„Klasse Idee!“, freut sich Pia.

„Weißt du, Edgar hat sich heute Zeit genommen, um dich kennenzulernen“, fährt Oma fort.
„Ich dachte, wir gehen zu zweit ins Eiscafé“, meint Pia enttäuscht.
„Wenn du willst, gehen wir allein“, sagt ihre Oma schnell.
„Schon okay“, antwortet Pia leise. Sie steckt den Finger in die Schüssel und nascht vom Teig.
Erleichtert drückt ihr Oma einen Kuss auf die Wange. „Die Pfannkuchen sind gleich fertig. Stell schon mal die Teller auf den Tisch.“

Nach dem Essen setzt sich Pia an ihren Schreibtisch. Heute wollen die Hausaufgaben überhaupt nicht klappen. Immer wieder denkt sie an Omas neuen Freund. Ob sie jetzt jeden Nachmittag mit Edgar verbringen werden? Ob Oma bald keine Zeit mehr hat, um mit ihr Schularbeiten zu machen?

Ob sie nie mehr allein mit Oma auf dem Sofa kuscheln und ein Buch mit ihr lesen wird?

Da klopft es an ihrer Tür. „Pia, wir müssen los!“, sagt Oma. Sie steckt den Kopf ins Zimmer und wedelt mit Pias Jacke. Unwillig legt Pia den Stift aus der Hand und steht auf. Kurze Zeit später stehen sie auf der Straße, um zum Eiscafé an der Ecke zu schlendern.

„Wir können draußen sitzen“, schlägt Oma vor, während sie in den blauen Himmel schaut. „Es ist warm genug.“ Eigentlich müsste Pias Herz vor Freude hüpfen. Was gibt es Schöneres, als das erste Eis im Jahr in der Sonne zu essen?

Aber irgendwie hat Pia ein komisches Gefühl, als sie am Tisch sitzt und die Eiskarte in der Hand hat.

Auch Oma scheint aufgeregt zu sein. Sie fährt sich durch die Haare, spielt an ihrer Kette und blickt nervös auf die Armbanduhr.
„Wir sind etwas zu früh“, sagt sie gerade, als ein kleiner Mann um die Ecke biegt und auf sie zukommt.

„Guten Tag, die Damen!“, sagt er und lächelt verschmitzt, bevor er sich an Pia wendet. „Gestatten? Mein Name ist Edgar.“ Dabei verbeugt er sich umständlich. Er nimmt Pias Hand, zwinkert ihr zu und haucht ihr einen Kuss auf den Handrücken. Pia muss kichern.

„Das hier ist Ludwig.“ Edgar zeigt auf einen dicken, zotteligen, braun-schwarz gescheckten Hund, der plötzlich vor Pia steht. Ludwig sieht sie mit treuen Augen an, hechelt und wedelt freudig mit dem Schwanz.

„Du hast einen Hund?“, fragt Pia verwundert.

Sie beugt sich herunter und krault Ludwig am Nacken. „Davon hat mir Oma überhaupt nichts gesagt.“

„Das sollte eine Überraschung werden“, sagt Oma. „Und wie ich sehe, ist sie gelungen.“

„Ich glaube, du hast einen neuen Freund gefunden“, sagt Edgar, während sich der Hund zu Pias Füßen legt, als ob er nie mehr weggehen wollte.

„Wuff“, bellt Ludwig zustimmend.

„Darf ich ab und zu mit euch spazieren gehen?“, fragt Pia.

„Klar!“, sagt Edgar und setzt sich neben sie an den Tisch.

„Und deine Oma nehmen wir auch mit."
Da freut sich Pia auf einmal darauf, in Zukunft viele Nachmittage zu viert zu verbringen. Denn vielleicht hat sie heute gleich zwei neue Freunde gefunden.

Mitmach-Seite

● Warum ist Pias Oma da, wenn Pia von der Schule nach Hause kommt?

● Wo ist Pias Mutter? Weshalb ist sie ausgezogen?

● Was fürchtet Pia, als sie von Omas neuem Freund hört?

● Pia sagt: „Oma ist ganz doll verliebt.“ Was heißt das?

- ○ Oma ist ganz verrückt.
- ○ Oma ist sehr verliebt.

Eis selber machen

Du brauchst:

- 1 Tüte tiefgefrorene Waldbeeren
- 1 Becher Joghurt
- 1 Beutel Vanillezucker
- Zucker oder Honig nach Geschmack
- etwas Milch

Gib alle Zutaten in einen Mixer. Fülle die Masse in kleine Schälchen, und stelle sie einige Stunden in den Gefrierschrank. Frage einen Erwachsenen, ob er dir dabei hilft.

Wo lernst du neue Menschen kennen?

Wie heißt der Hund von Omas Freund?

- ○ Ludwig
- ○ Ludger
- ○ Leopold

Wie fühlen sich Pia und ihre Oma, als sie auf Edgar warten?

Stella und die Baumhausbande

Sie treffen sich fast jeden Nachmittag. Heimlich.
Aber Stella weiß trotzdem Bescheid.
Sie weiß, dass sie sich *Baumhausbande* nennen. Sie weiß, dass ihr Bandenzeichen eine rote Wäscheklammer ist, die sie an den Bremsschlauch ihrer Fahrräder klemmen. Und sie weiß, wer dazugehört: Leo, Lilly, Mika, Ronni und Sefar. Das sind alle Kinder aus der Straße, in der Stella wohnt, bis auf die kleinen, die noch in den Kindergarten gehen.

Stella malt mit Straßenkreide. Trotzdem ist ihr langweilig. Mit wem soll sie denn nun spielen, wenn die fünf jetzt immer ohne sie in ihrem Baumhaus zusammenglucken?
Auf einmal klingelt es hinter ihr. Erschrocken schaut Stella hoch und springt zur Seite. Es ist Frau Jäger, auf ihrem Fahrrad.
„Mach Platz da!", ruft sie. Obwohl weder auf der Straße noch auf dem Bürgersteig jemand ist, muss sie natürlich mitten durch Stellas Bild fahren!
„Kannst du nicht woanders spielen?", keift die alte Frau. „Das ist der Fahrradweg!"
Stella schluckt und weiß nicht, was sie sagen soll.

Zum Glück ruft Mama in diesem Moment: „Stella, hilfst du mir beim Autowaschen?“
Stella läuft schnell zur Auffahrt. Dort füllt Mama schon zwei Eimer mit Wasser.

„Frau Jäger ist voll gemein!“, beschwert sich Stella.

„Zu mir ist sie auch nie besonders freundlich“, antwortet Mama.
„Herr Hieke ist da ganz anders“, sagt Stella. „Der hat Mika neulich sogar Salat für seine Meerschweinchen geschenkt.“

Mama zuckt mit den Schultern. „Manche sind halt netter als andere!“, sagt sie und schnippt Stella Schaum auf die Nase. „Und ich bin sowieso die netteste von allen!“

Erst fliegt nur Schaum,
dann nasse Schwämme.
Stella kichert.
Mama lacht.

Und schließlich sind sie alle beide ebenso nass und sauber wie das Auto. Leider muss Mama dann noch etwas arbeiten und Stella langweilt sich wieder. Aus dem Garten nebenan hört sie,

wie die fünf oben in ihrem Baumhaus lachen. Da nimmt sie all ihren Mut zusammen und klettert erst über das Gartentor und dann die Strickleiter nach oben ins Baumhaus.
„Vorsicht! Zickenalarm!“, brüllt Mika, als sie den Kopf ins Baumhaus steckt. Die anderen drehen sich um und alle starren sie an. Stella atmet tief durch und klettert ganz nach oben.
„Hier dürfen nur Mitglieder rein!“, sagt Lilly.

„Ich will auch dazugehören“, sagt Stella trotzig und bleibt stehen.

Leo, Lilly, Mika, Ronni und Sefar schauen sich an. Leo zuckt mit den Schultern.
„Von mir aus!“, sagt Mika.
Ronni und Sefar nicken. „Na gut“, sagen sie. Stella lächelt erleichtert.
„Dann muss sie aber eine Mutprobe bestehen!“, verlangt Lilly.
„Genau!“, schreit Sefar. „Sie soll einen Regenwurm essen!“
„Au ja!“, brüllen Ronni und Leo.
„Der arme Wurm!“, sagt Lilly. „Sie soll lieber etwas machen, was man sich nicht so einfach traut.“
„Traust du dich etwa, so einfach einen Wurm zu essen?“, fragt Sefar.
„Wenn du es vormachst, immer!“, antwortet Lilly und alle glauben ihr aufs Wort.

„Sie könnte heimlich einen Korb voller Kirschen im Garten von Herrn Hieke für uns pflücken“, schlägt Leo vor und leckt sich die Lippen.
„Die schenkt Herr Hieke uns sowieso, wenn wir ihn fragen“, sagt Mika. „Dafür braucht man keinen besonderen Mut. Herr Hieke ist nämlich nett.“
„Frau Jäger nicht!“, sagt Ronni.
Alle anderen nicken. Vor der grummeligen Frau Jäger auf ihrem Fahrrad haben alle Kinder in der Straße ein bisschen Angst.
„Stella soll bei Frau Jäger klingeln und fragen, wie spät es ist“, schlägt Lilly vor.
„Okay, mach ich!“, sagt Stella.
„Nee, das ist viel zu leicht!“, sagt Leo. „Lass ihr die Luft aus dem Rad, Stella. Dann gehörst du zu unserer Bande!“
Alle anderen von der Baumhausbande überlegen kurz und nicken dann. Stella schluckt. Wenn Frau Jäger sie dabei erwischt, hat ihr letztes Stündlein geschlagen. Aber wenn sie es nicht tut, langweilt sie sich diesen Sommer garantiert zu Tode.

Sie gibt sich einen Ruck.
„Okay, mach ich!“,
sagt sie.

„Gleich!“, verlangt Lilly.
Also klettern sie alle herunter und begleiten Stella. Lilly, Sefar, Ronni, Mika und Leo ducken sich hinter die Hecke und Stella schleicht sich in den Hof. Das Herz klopft ihr bis zum Hals. Das schwarze Fahrrad lehnt hinter den Mülltonnen an der Hauswand. Stella läuft geduckt hinüber und dreht die rote Ventilkappe des Vorderreifens ab. Dann schraubt sie das Ventil auf, und die Luft entweicht zischend.

Auf einmal geht die Haustür auf, und Frau Jäger kommt mit einer Schüssel voller Bioabfall aus dem Haus.

Stella schraubt das Ventil
schnell wieder zu
und schaut sich um.
Weg kann sie nicht.

Wohin nur? Es bleiben nur die Mülltonnen. Stella duckt sich hinter die größte und macht die Augen zu. Die schlurfenden Schritte kommen näher und immer näher. Auf einmal ist noch ein anderes Geräusch zu hören: Das Telefon klingelt im Haus. Die Schritte verstummen. Dann entfernen sie sich. Schließlich fällt die Haustür ins Schloss. Stella bleibt, wo sie ist.

„Stella! Stella! Los, komm! Stella! Schnell!“
Stella lugt hinter ihrer Tonne hervor und sieht, dass Lilly, Sefar, Ronni, Mika und Leo von der Straße her wild winken. Ohne sich noch einmal umzuschauen, springt Stella auf und rennt los. Sie stolpert. Scheppernd fällt die Schüssel mit den Bioabfällen um. Stella fällt hin und schlägt sich das Knie auf. Aber sie beißt die Zähne zusammen, rappelt sich auf und rennt weiter zur Straße. Dann ducken die sechs von der Baumhausbande sich wieder hinter die Buchsbaumhecke. Gerade rechtzeitig. Die Haustür geht auf, und Frau Jäger kommt wieder. Als sie sieht, dass die Schüssel umgefallen ist, schimpft sie: „Diese räudigen Katzenviecher!“ und sammelt alles wieder auf.
Den Rest des Nachmittages verbringen die sechs von der Baumhausbande in Herrn Hiekes Kirschbaum. Als Stella nach Hause kommt, erzählt ihre Mama: „Frau Jäger ist vorhin mit dem Fahrrad gestürzt und hat sich den Knöchel verstaucht.“

Stella bekommt einen Schreck. „Wie ist das denn passiert?", fragt sie.

„Keine Ahnung. Herr Hieke sagt, ihr Fahrrad wäre ohnehin nicht verkehrssicher. Sie hatte auch viel zu wenig Luft in den Reifen", erzählt Mama.
„Oh!", sagt Stella. Das hat sie nicht gewollt. Sie tastet nach der kleinen, roten Ventilkappe in ihrer Hosentasche. Mama packt eine Flasche Saft, etwas Obst und die Medikamente, die sie für Frau Jäger aus der Apotheke abgeholt hat, in einen Korb. Stella holt tief Luft.
„Soll ich das rüberbringen?", fragt sie.
Mama sieht sie überrascht an. „Wenn du willst … Hier, nimm den Schlüssel, dann muss sie nicht aufstehen, um die Tür zu öffnen." Stellas Herz klopft noch heftiger als heute Mittag. Frau Jäger sitzt in einem Sessel am Fenster. Das Bein hat sie hochgelegt, und am Tisch lehnen zwei Krücken.

„Ich bringe Obst und Saft", sagt Stella mit piepsiger Stimme.

„Stell's auf den Tisch", sagt Frau Jäger. Stella stellt den Korb auf den Tisch und will gleich wieder gehen.

„Willst du dich nicht einen Augenblick setzen?“, fragt Frau Jäger. Stella bleibt unschlüssig stehen.
„Tut mir leid, dass ich durch dein Bild gefahren bin“, sagt die alte Frau. „Aber ich fahre nicht so gut Rad – wie man sieht. Ich konnte nicht ausweichen.“
„Macht nichts“, sagt Stella. Eine Weile sagt keiner etwas.
„Ich könnte Ihnen morgen etwas vorlesen, wenn Sie wollen“, sagt Stella schließlich.
„Darüber würde ich mich sehr freuen!“, sagt Frau Jäger und lächelt. Stella lächelt zurück. Wenn sie lächelt, sieht Frau Jäger fast so nett aus wie Herr Hieke.
Beim Rausgehen wirft Stella die kleine, rote Kappe in die Mülltonne und überlegt, aus welchem Buch sie Frau Jäger morgen vorlesen soll.

Mitmach-Seite

Woran erkennt man die Mitglieder der Baumhausbande?

Kirschen pflücken bei Herrn Hieke – warum ist das keine richtige Mutprobe?

Wenn man nicht mitspielen darf, könnte man

- beleidigt in einer Ecke sitzen.
- mit den anderen Kindern über das Problem reden.
- sich prügeln.
- Mama um Hilfe bitten.

Was tut Stella?
Was hättest du getan?

Was hat Stella vor? Was passiert hier gleich?

Der Bioabfall liegt auf dem Boden – wen verdächtigt Frau Jäger?

Um ein Haar erwischt! Was rettet Stella im letzten Augenblick?

Wie kam es zu Frau Jägers Unfall?

Wird Stella Frau Jäger irgendwann erzählen, wie es zu dem Unfall kam?

Will Stella Frau Jäger noch einmal besuchen? Findest du einen Beweis für deine Meinung?

Was denkt Stella am Schluss der Geschichte?

- ○ In manchen Menschen täuscht man sich. Frau Jäger ist nicht fürchterlich.
- ○ Frau Jäger ist ein Kinderschreck. Ich wünschte mir, sie wäre weg.

Male ein Bild zu der Geschichte! Vielleicht mit Straßenkreide so wie Stella! Aber bitte nur auf dem Bürgersteig!

Wie kann Stella die Sache wiedergutmachen?

Was sagt Frau Jäger gerade?

Mia und die kleine Elfe

Mia sieht aus wie ein Junge. Und sie will auch gar nicht anders aussehen. Ihre dunklen Haare sind so kurz wie Streichhölzer. Sie trägt am liebsten Hosen, mit denen sie auf Bäume klettern kann und Turnschuhe, mit denen sie schnell laufen kann.
Manchmal hört Mia, wie ihre Mitschülerinnen um sie herum tuscheln und von rosa Geburtstagskuchen, rosa Kleidern und rosa Armbändern reden. Dabei sind sie ganz aufgeregt und kichern.

Dann wundert sich Mia. „Weshalb sind die Mädchen nur so furchtbar albern?“

Mia findet alles, was an Prinzessinnen und Elfen erinnert, doof. Deswegen ist sie in der Schule oft allein. Nachmittags ist das anders. Dann trifft sie sich mit Bruno, der auf dem Bauernhof gegenüber wohnt. Mit ihm hat sie sogar schon auf einem Traktor gesessen. Nach der Fahrt über die Felder haben sie die neugeborenen kleinen Ferkel im Schweinestall besucht.

Die sind zwar auch rosa, aber richtig süß und gar nicht kitschig. Als Mia dann am nächsten Tag ins Klassenzimmer kam, haben alle die Nase gerümpft. Vielleicht hätte sie sich doch andere Sachen anziehen sollen? Aber Mia mag den Geruch von Tieren und wollte ihn nicht mit dem Duft von frischem Waschmittel tauschen.

Wenn ihre Mitschülerinnen sie bloß nicht ständig ärgern würden. Heute nach der letzten Stunde ist es besonders schlimm. Anke durchwühlt einfach ihren Schulranzen. „Was hast du denn hier?“, ruft sie laut. Sie zieht einen Indianer heraus und hält ihn hoch. „Hast du auch eine Piratenmütze und eine Augenklappe?“
Die anderen Mädchen kichern.

„Warum lässt die blöde Kuh
mich nicht in Ruhe?“,
denkt Mia wütend.
Aber sie hält den Mund.

Statt etwas zu sagen, klemmt sie sich ihren Ranzen unter den Arm. Sie merkt, wie ihr vor Wut Tränen in die Augen steigen. Auch das noch! Auf keinen Fall will sie vor Anke und den anderen Mädchen weinen. Schnell rennt sie aus dem Klassenzimmer, die Treppenstufen hinunter und hinaus auf die Straße.

Sie läuft an Häusern, Gärten und Wiesen vorbei, bis sie zu einem kleinen Wäldchen kommt. Zwischen zwei alten Eichen ist ihr Lieblingsplatz. Dort wirft sie den Ranzen auf den Boden, setzt sich hin und zieht die Knie dicht an ihren Körper. Endlich kann sie in Ruhe weinen, ohne dass sie jemand sieht.

„Ich tue Anke doch gar nichts", schluchzt Mia verzweifelt. „Warum ist sie nur so schrecklich gemein zu mir?"

Traurig beobachtet Mia einige Sonnenstrahlen, die durch das Laub der Bäume schimmern. Doch was ist das? Plötzlich ziehen sich die kleinen Staubkörner, die im hellen Licht tanzen, zusammen. Es macht „plopp". Mia reibt sich die Augen. Schwirrt dort wirklich ein kleines silbernes Wesen durch die Luft?
„Warum hast du mich gerufen?", fragt es und flattert direkt vor Mias Nase.

„Ich habe dich gerufen?", fragt Mia erstaunt. „Ich kenne dich doch gar nicht."

Jetzt erst sieht Mia, dass das kleine Wesen eine Ritterrüstung anhat. An dem Panzer sind zwei Löcher für die Flügel, die bunt daraus hervorleuchten. Das Visier des Helms ist aufgeklappt. Grüne Augen funkeln Mia an.

„Klar! Du hast mich gerufen und von meiner Burg geholt! Oder glaubst du, dass Elfen in winzigen Schlössern aus Zuckerguss leben und Kleider aus rosa Blütenstaub tragen?“, fragt das kleine Wesen und nimmt den Helm ab. Kurze dunkle Haare, die wirr abstehen, erscheinen. „Nun, vielleicht sollte ich mich erst einmal vorstellen. Mein Name ist Kuni von Burg Klapperbrücke.“

„Und du bist tatsächlich eine richtige Elfe?“, fragt Mia mit offenem Mund.

„Na, was denn sonst?“, meint Kuni ein wenig beleidigt. „Aber warum heulst du so? Hat dich jemand geärgert?“ Kuni zieht ihr Schwert aus der Scheide, das so groß wie eine Stecknadel ist, und sticht einige Male damit in die Luft, als ob sie eine Mücke erlegen wolle. „Ich fürchte nichts und niemanden.“

Mia muss lächeln. Dann nimmt sie ein zerknittertes Taschentuch aus ihrer Hosentasche und putzt sich die Nase.
„Also, was ist los?“, fragt Kuni, steckt ihr Schwert zurück und setzt sich auf Mias Knie.

„Ein Mädchen aus meiner Klasse ist gemein zu mir“, erklärt Mia der kleinen Elfe. „Bloß, weil ich anders bin.“

„Ah, das ist schlimm. Das kenne ich.“ Kuni seufzt. „Weißt du, ich bin auch nicht wie andere Elfen.“ Dann ballt sie ihre winzigen Hände zu Fäusten. „Wehre dich.“
Mia sieht Kuni fragend an, die aufgeregt zwischen ihren Knien hin und her flattert.
„Sag dem Mädchen, dass sie dich nicht beleidigen darf!“

„Und dann hört sie damit auf?“, fragt Mia verblüfft. „Das glaube ich dir nicht.“

„Probier es aus“, rät Kuni. „Eins ist sicher: Wenn du gar nichts machst, ändert sich auch nichts.“
Bei den letzten Worten wird Kuni von kleinen funkelnden Lichtern eingehüllt.

Wieder macht es „plopp“, und die Elfe ist verschwunden. Mia wischt sich über die Augen. Hat sie das alles nur geträumt? Nachdenklich nimmt sie ihren Ranzen und geht nach Hause.

Am nächsten Morgen sitzt Mia im Schulhof auf einer Bank. Als sie in einen Apfel beißt, kommt Anke mit ihren Freundinnen direkt auf sie zu.
Mias Herz beginnt zu klopfen. Was hat sich Anke heute nur wieder ausgedacht?
„Na, gehst du gleich wieder zu den Schweinen?“, fragt Anke und stützt die Hände auf die Hüften. „Die fressen doch auch gerne Äpfel.“
Die anderen Mädchen prusten los. Mia bekommt einen Kloß im Hals. Am liebsten würde sie aufstehen und weggehen. Aber sie denkt an Kunis Worte und schluckt. Wenn sie sich nicht wehrt, ändert sich nichts.

„Was habe ich dir getan?“, fragt sie laut. „Wieso bist du so fies zu mir?“

Die anderen Mädchen schauen verblüfft von Mia zu Anke, der vor Überraschung die Luft wegbleibt.
„Nun hab dich doch nicht so“, sagt Anke. Aber Mia sieht, wie Anke die Röte ins Gesicht steigt. Mia steht auf und stellt sich breitbeinig hin.

„Lass mich einfach in Ruhe“, sagt sie mit fester Stimme. „Dann lasse ich dich auch in Ruhe.“

„Ist ja schon gut“, sagt Anke verwundert. Dann dreht sie sich um, hakt sich bei ihren Freundinnen ein und schlendert mit ihnen davon. Mia wundert sich: So einfach war es, Anke zu verunsichern! Vielleicht wird Anke sie bald wieder ärgern. Aber dann wird sich Mia eben wieder wehren.

Nach der Schule läuft Mia direkt zu ihrem Lieblingsplatz. Aber anders als gestern summt sie vergnügt vor sich hin. Als sie sich auf das weiche Moos fallen lässt, entdeckt sie Kuni auf einem Fliegenpilz.

„Wie war es in der Schule?“, fragt Kuni und baumelt mit den Beinen.
Mia erzählt stolz, was sie in der Pause erlebt hat. Als sie damit endet, wie Anke mit ihren Freundinnen abgezogen ist, klatscht Kuni begeistert in die Hände. „Wunderbar. Meistens reichen schon ein paar klare Worte, damit man in Ruhe gelassen wird. Jetzt kann ich zurück zu meiner Burg fliegen. Ich muss nämlich noch die Zugbrücke reparieren, bevor der Winter kommt.“ Kuni setzt ihren Helm auf. „Wenn dich wieder jemand ärgert, ruf mich einfach. Ich werde dich finden, wo immer du auch sein wirst.“
Kleine bunte Lichter erscheinen und hüllen Kuni ein.

„Alles Gute!“, wünscht Mia. „Du bist die schönste Elfe, die ich mir vorstellen kann.“

Kuni lächelt und winkt, bevor sie mit einem leisen „plopp“ verschwindet.

Mitmach-Seite

- Was machen Jungen anders als Mädchen?

- Möchtest du lieber ein Junge/ ein Mädchen sein?

- Wie stellst du dir eine Elfe vor? Was hat sie an, wie spricht sie, wie zaubert sie ... ?

- Ist Kuni von der Klapperbrücke so, wie du dir eine Elfe vorstellst?

- Wie unterscheidet sich Kuni von Elfen, die du aus anderen Büchern kennst?

- Wie verhält sich Mia, bevor sie Kuni kennengelernt hat? Wie fühlt sie sich?

- Sprich und klatsche mit mir in Silben

Die El-fe tanzt um Mit-ter-nacht.

Die El-fe tanzt um Mit-ter-nacht im Mond-licht.

Die El-fe tanzt um Mit-ter-nacht im Mond-licht auf ei-ner Wie-se.

Errätst du, wer hier spricht?

Um Mitternacht, wenn die
Menschen erst schlafen,
Dann scheinet uns der Mond,
Dann leuchtet uns der Stern.
Wir wandeln und singen
Und tanzen erst gern.

Um Mitternacht, wenn die
Menschen erst schlafen,
Auf Wiesen, an den Erlen
Wir suchen unseren Raum
Und wandeln und singen
Und tanzen einen Traum.

(„Elfenlied“ von Johann Wolfgang von Goethe)

Wie verhält sich Mia, nachdem sie Kuni kennengelernt hat? Wie fühlt sie sich jetzt?

Wo ist Mias Lieblingsplatz?

- ◯ in einem Wäldchen auf einer Eiche
- ◯ in einem Wäldchen zwischen zwei Eichen

**Mia stellt sich Anke mutig entgegen.
Bist du auch schon mal gehänselt worden?
Warst du auch schon mal mutig?**

Rosa Rosmarin und der Kaninchenzauber

Rosa Rosmarin ist eine Kräuterhexe, die nichts lieber tut, als im Garten zu arbeiten.

„Wieso machst du es eigentlich nicht wie die anderen Kräuterhexen?“, fragt ihr dicker Kater Waldemar. „Sag einfach: *‚Petersilie, Akelei, schon ist mein Garten unkrautfrei!‘* Dann kannst du dich neben mich in die Sonne legen!“

„Will ich ja gar nicht“, antwortet Rosa Rosmarin und füllt ihre Gießkanne. „Ich zupfe gerne Unkraut.“

Waldemar schüttelt ungläubig den Kopf. „Sag doch einfach: *‚Bäume, Kräuter, Blumen, Gras – regnet sofort alles nass.‘* Dann kannst du den Gießkannen beim Gießen zuschauen!“, schlägt der Kater vor.

„Waldemar!“, stöhnt Rosa Rosmarin. „Ich weiß, wie man zaubert. Ich kenne die Zaubersprüche: Aber – ich – will – nicht!“

Waldemar rollt sich beleidigt zusammen. „Glaub ich nicht!“, knurrt er.

„Wenn du richtig *gut* zaubern könntest, würdest du das tun! Alle anderen Hexenkater lachen schon über mich, weil du nie zauberst! Eine Kräuterhexe, die nicht zaubert, ist allenfalls eine gute Gärtnerin, aber keine Hexe!“

Rosa Rosmarin grinst. „Ach, lass sie doch reden!“, sagt sie. Dann nimmt sie ihre Hacke und singt fröhlich: „Im Juli die Hexe die Gießkanne schwingt … ♪♪ – ich freu mich jetzt schon auf deine süßen, roten Kirschen!“, sagt sie zum Kirschbaum.

Sofort strengt sich der Kirschbaum gleich noch mehr an. Bei keiner anderen Kräuterhexe wachsen, blühen und gedeihen die Pflanzen so prächtig wie bei Rosa Rosmarin. Ganz besonders stolz ist Rosa Rosmarin auf ihren Gemüsegarten.

Ihre Tomaten sind so rund und rot wie die Abendsonne. Ihre Kohlrabi sind so zart wie Vanilleeis und so groß wie kleine Kürbisse. Allerdings hat Rosa Rosmarin in diesem Jahr noch gar nichts geerntet. Denn Nacht für Nacht macht sich jemand über ihren Salat her, buddelt Karotten aus und futtert ihre dicksten Kohlrabi.

„Wenn das so weitergeht", jammert Rosa Rosmarin, „dann werde ich in diesem Jahr nichts, aber auch gar nichts aus meinem Gemüsegarten ernten! Heute Nacht lege ich mich auf die Lauer und erwische den Dieb!" Rosa Rosmarin und Waldemar setzen sich ans Küchenfenster und warten.

Eine Igelfamilie macht
einen Nachtspaziergang.
Aber sonst passiert nichts.
Dann schlägt es Mitternacht.

Waldemar ist längst eingeschlafen, da sieht Rosa Rosmarin einen Schatten zwischen den Kohlrabiblättern. Sie hört ein leises Knurpseln.

„Hey“, ruft Rosa Rosmarin und läuft hinaus. Wie der Blitz saust der schwarze Schatten weg. Waldemar zuckt zusammen und wacht auf.
„Hast du den Dieb?“, fragt er.
„Nein“, antwortet Rosa Rosmarin, „aber ich weiß, wer es ist: ein Kaninchen!“
„Ach“, sagt Waldemar. „Wahrscheinlich weiß das Kaninchen gar nicht, dass es deine Kohlrabi nicht fressen soll.“
„Glaubst du?“, fragt Rosa Rosmarin. Sie malt ein Schild, auf dem steht:

Doch am nächsten Morgen sind wieder alle Kohlrabi aufgefuttert.
„Als Gärtnerin bist du echt gut“, sagt Waldemar, „aber im Kaninchen-Vertreiben bist du eine Niete! Wahrscheinlich kann dieses Kaninchen gar nicht lesen!“
„Du kannst immer bloß meckern!“, schimpft Rosa Rosmarin. „Du bist doch ein Kater! Fang du das Kaninchen doch!“

„Pah! Nichts leichter als das!“, behauptet Waldemar und legt sich auf die Lauer.

Als das Kaninchen wieder im Gemüsegarten knurpselt, schießt Waldemar wie ein Blitz aus seinem Versteck.

Aber das Kaninchen ist schneller. Der dicke Waldemar rennt, bis er völlig aus der Puste ist. Das Kaninchen schlägt ein paar lässige Haken, dann ist es weg.
Als Rosa Rosmarin morgens in den Garten kommt, liegt Waldemar völlig erschöpft auf der Veranda – und im Gemüsegarten fehlen wieder die dicksten Kohlrabi.
„Gute Ratschläge kannst du geben", sagt die Hexe, „aber Kaninchen fangen nicht!"

„Lass mich schlafen!", stöhnt Waldemar. „Dieses Kaninchen ist schneller als der Blitz!"

„Aha", sagt Rosa Rosmarin. „Na, dann muss ich wohl doch zaubern."
Waldemar setzt sich mit einem Ruck auf: „*Du* willst zaubern?"
Rosa Rosmarin nickt und kramt ihr dickes Zauberbuch hervor.
Waldemar muss husten, so viel Staub liegt darauf.
„Ich glaube, da hilft nur ein Kreator-Zauber", sagt Rosa Rosmarin.
Waldemar wird blass. „Ein Kreator-Zauber?", krächzt er entsetzt. Für diese Zauber braucht man die allerseltensten Zutaten. Und wer einen Fehler macht, verliert für immer alle Hexenkräfte.

„Lass das Kaninchen doch fressen“, sagt Waldemar. „Wir kaufen unser Gemüse einfach auf dem Wochenmarkt!“

„Niemals!“, sagt Rosa Rosmarin entschlossen. „Ich pflanze und gieße und jäte – da will ich auch etwas ernten!“
Sie wälzt dicke Hexenbücher und schreibt eine lange Zutatenliste. Dann geht es los: Sie melkt bei Sonnenaufgang Steinläuse. Sie fängt Werwolf-Flöhe um Mitternacht. Sie sammelt Sternenstaub und Vollmondduft. Sie besorgt sich Drachenschuppen und das goldene Haar eines Baumriesen.
Dann hat Rosa Rosmarin endlich alles, was sie braucht. Sie schließt sich in ihrer Hexenküche ein und braut und mixt und zaubert. Waldemar sitzt vor der Tür und wagt kaum zu atmen. Schließlich geht die Tür auf.

„Bitte sehr“, sagt Rosa Rosmarin und hält ihrem Kater ein kleines Kistchen unter die Nase. „Darin befindet sich der einzigartige Rosa-Rosmarin-Kaninchenzauber!“
Waldemar beäugte das Kistchen misstrauisch. „Und, bist du sicher, dass er funktioniert?“, flüstert er.
Rosa Rosmarin zuckt mit den Schultern. „Das werden wir sehen!“, sagt sie und verteilt ihren Kaninchenzauber in einer Ecke des Gemüsegartens. Dabei murmelt sie einen so langen und komplizierten Zauberspruch, dass Waldemar sich nicht einmal den Anfang merken kann.
Dann setzen sich Rosa Rosmarin und Waldemar ans Küchenfenster hinter die Gardine und warten. Eine Eule fliegt lautlos um den Apfelbaum, und der Mond verschwindet hinter einer Wolke. Als er wieder hervorkommt, hoppelt das Kaninchen auf das Kohlrabibeet zu. Auf einmal stutzt es. Was riecht denn so verlockend auf der anderen Seite des Gartens?
Das Kaninchen ändert die Richtung und probiert.

Waldemar wartet gespannt, was wohl mit dem Kaninchen passiert:

**Wird es sich
in einen Regenwurm verwandeln?
Oder wird es
in einer rosa Wolke verpuffen?**

Das Kaninchen frisst und frisst. – Aber nichts passiert. Schließlich hoppelt es davon und ist verschwunden.
„Es hat nicht geklappt!", krächzt Waldemar. „Jetzt bist du deine Hexenkräfte los! Oh weh, oh weh! Und was wird nun aus mir?"

„Ich bin keine Hexe mehr? Wer sagt denn so was?“, fragt Rosa Rosmarin und schwenkt ihren Zauberstab: „Hokuspokus Regenwurm, Waldemar sitzt auf ‘nem Turm!“
Ehe er sich versieht, sitzt Waldemar ganz oben auf dem Brennholzstapel.

„Wie zauberhaft!“,
ruft Waldemar entzückt.
„Du kannst doch noch zaubern!
Jetzt hexe mich wieder runter!“

Rosa Rosmarin grinst. „Du kannst doch klettern!“, meint sie. Als der Kater wieder neben Rosa Rosmarin sitzt, fragt er: „Dann hat der Kaninchenzauber also doch gewirkt?“

„Aber klar doch“, sagt Rosa Rosmarin und steckt sich eine Himbeere in den Mund. „Mit dem Kaninchenzauber habe ich eine neue Pflanze erfunden“, erklärt sie. „An der kann kein Kaninchen vorbeihoppeln. Es ist die perfekte und für Kaninchen absolut unwiderstehliche Mischung aus Kohlrabi, Möhren, Löwenzahn und ...“
„Aha!“, unterbricht Waldemar seine Hexe, „die drei Lieblingsspeisen von Kaninchen!“ Er überlegt einen Augenblick. „Gibt es auch einen Hexenkater-Zauber?“, fragt er dann.
Rosa Rosmarin lacht. „Ich werde mal darüber nachdenken“, verspricht sie.
„Es müssen auf jeden Fall Fisch, Mäuse und Vanilleeis drin sein“, bittet Waldemar. „Also echt, Rosa Rosmarin: Du bist wahrhaftig nicht nur eine fantastische Gärtnerin, sondern auch die beste Kräuterhexe der Welt!“, schnurrt er.
„Siehst du das jetzt endlich ein!“, sagt Rosa Rosmarin zufrieden.
Seitdem kommt das Kaninchen zwar immer noch jede Nacht, aber nur, um vom Kaninchenzauber zu fressen. Und Rosa Rosmarin kann ihre dicken, vanilleeiszarten Kohlrabi endlich selbst essen.

Mitmach-Seite

Warum konnte Rosa in diesem Jahr noch gar nichts ernten?

Warum liegt so viel Staub auf dem Zauberbuch?

Wenn du selber eine Hexe oder ein Zauberer wärst …

Warum erledigt Rosa die Gartenarbeit nicht lieber durch hexen?

Was passiert zuerst?
Was passiert dann?
Ordne die Bilder!

Was ist so gefährlich am Kreator-Zauber?

Welchen Zauberspruch hat Rosa wohl verwendet?

- Sternenstaub und Vollmondduft,
  Drachenschuppen aus der Luft,
  Werwolf-Floh und Laus aus Stein,
  Kaninchen kommen hier nicht rein.
- Drachenschuppen, Vollmondduft,
  Sternenstaub liegt in der Luft,
  Gold'ne Haare nicht vergessen!
  Komm, Kaninchen, komm zum Essen!

Wieso sitzt der Kater dort auf dem Stapel? Wie kommt er wieder herunter?

Dieser Salat schmeckt nicht nur Kaninchen:

- Möhren und Kohlrabi raspeln,
- mit Zitronensaft, etwas Öl und einer Prise Salz abschmecken,
- junge Löwenzahnblätter kleinhacken und unterheben,
- mit ein paar Gänseblümchenblüten bestreuen.

Wer schreibt und malt denn da?

Annette Neubauer
hat schon als Kind lieber spannende Fälle gelöst, als mit Puppen zu spielen. Nach ihrem Abitur studierte sie Geschichte, Germanistik und Russisch. 2000 machte sie sich mit einer pädagogischen Fachpraxis selbstständig und begann auch ihre Tätigkeit als Schriftstellerin. Seitdem schreibt sie für viele Kinderbuchverlage und hat zahlreiche Bücher veröffentlicht.

Andrea Dölling
studierte an der Hochschule in Augsburg Kommunikationsdesign. Nach ihrer Diplomausstellung bekam sie das Angebot, ihr erstes Bilderbuch zu illustrieren. Nach diesem Buch folgten viele weitere: Kinderbücher, Schulbücher, Krimis, Romane, aber auch Aufträge aus anderen spannenden Bereichen. Am liebsten zeichnet sie Menschen. Heute lebt sie im schönen Lübeck und fährt so oft es geht ans Meer.

K. Johanna Fritz
hat schon als Kind 72 Bilder fürs Weihnachtsfest gemalt und ist dem Zeichnen seither treu geblieben. Nach ihrem Kommunikationsdesign-Studium in Berlin wohnt und arbeitet sie seit 2008 als freie Illustratorin in Stuttgart und freut sich dabei über ihre bunten Tiere und lustigen Figuren, die inzwischen durch viele Kinderbücher, Spiele und über Verpackungen hüpfen.

Stefanie Klaßen
wurde in Cloppenburg geboren und hat schon als Kind viel gemalt. Sie arbeitete aber erst als Goldschmiedin und entschloss sich danach, Illustration an der Fachhochschule für Design in Münster zu studieren. 2009 machte sie ihren Abschluss. Seitdem lebt und arbeitet sie als freiberufliche Illustratorin in Münster. Ihr größter Wunsch ist es, irgendwann mal einen Hund zu haben!

Sabine Rahn
schreibt und übersetzt Bücher. Tagsüber sitzt sie an ihrem Computer und arbeitet – aber ihre Abende verbringt sie am liebsten lesend auf der Couch. Im Sommer schwimmt sie gerne jeden Tag oder saust auf Inlineskates über flache Feldwege. Im Winter geht sie Rodeln und Eislaufen. Sabine Rahn reist gerne und lebt in Einhausen. Seit 1996 arbeitet sie freiberuflich als Autorin für verschiedene Verlage.

Pia Eisenbarth
ist in Zweibrücken geboren und lebt heute in Schwabenheim bei Mainz. Ihr Kommunikations-Design-Studium an der Fachhochschule Wiesbaden schloss sie als Diplom-Designerin ab. Heute ist sie für viele Kinderbuch-Verlage im In- und Ausland tätig, hat zahlreiche Bilder-, Erstlese-, Schul- und Sachbücher veröffentlicht und arbeitet zeitweise als Dozentin.

Angela Fischer-Bick
studierte an der Hochschule für Gestaltung Offenbach a. M. und schloss ihr Diplom im Fach Buchgestaltung und Illustration ab. Seit 1996 liegt ihr Schwerpunkt auf der Illustration von Kinderbüchern, speziell für das Vor- und Grundschulalter. Nach einem 6-jährigen Aufenthalt in Italien lebt Angela Fischer-Bick mit ihrer Familie in Bremen.

Lesen lernen mit dem Schulbuchprofi

Für Leseanfänger:

- kurze, gegliederte Zeilen
- extra große Fibelschrift
- hoher Bildanteil
- mit Lese-Rallyes

Die kleinen Lesedrachen
Safari-Ferien mit Oma
1. Klasse
978-3-12-949065-5
€ 7,99

Die kleinen Lesedrache
Das Geheimnis der Bonbon-Bande
1. Klasse
978-3-12-949200-0
€ 7,99

plus Lese-Führerschein online:
http://www.lesedrachen-club.de

Die kleinen Lesedrachen
Elfe Trix in großer Not!
1. Klasse
978-3-12-949082-2
€ 7,99

Die kleinen Lesedrachen
Die Dinos sind zurück!
1. Klasse
978-3-12-949040-2
€ 7,99

Die kleinen Lesedrache
Paulchen haut ab!
1. Klasse
978-3-12-949063-1
€ 7,99

Viele weitere Titel sind im Buchhandel erhältlich.

Das neuartige Lernsystem mit dem Hörstift Ting macht LERNEN LEBENDIG.

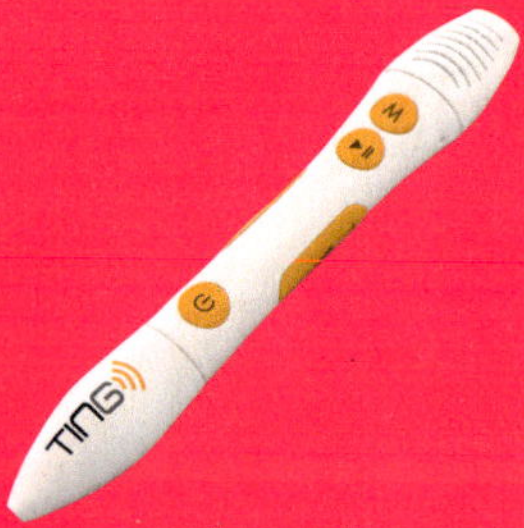

- **die ersten Lernhilfen mit TING**
- **speziell für den Hörstift TING neu entwickelte Lernprogramme**

Mein Ting-Buch
Deutsch und Rechnen
1. Klasse
ISBN 978-3-12-920392-7